U0885899

童眼看广安

教师教学用书

任思惠 / 主编

西南师范大学出版社
国家一级出版社 全国百佳图书出版单位

图书在版编目(CIP)数据

童眼看广安教师教学用书 / 任思惠主编. — 重庆：西南师范大学出版社, 2020.10
ISBN 978-7-5697-0150-0

Ⅰ.①童… Ⅱ.①任… Ⅲ.①广安－概况－学前教育－教学参考资料 Ⅳ.①G613.3

中国版本图书馆CIP数据核字(2020)第196406号

童眼看广安教师教学用书

TONGYAN KAN GUANG'AN JIAOSHI JIAOXUE YONGSHU

任思惠　主编

责任编辑：鲁艺
装帧设计：闰江文化
排　　版：吴秀琴
出版发行：西南师范大学出版社
地址：重庆市北碚区天生路2号
邮编：400715
网址：www.xscbs.com
印　　刷：重庆俊蒲印务有限公司
幅面尺寸：185mm×260mm
印　　张：13.25
字　　数：220千字
版　　次：2020年11月　第1版
印　　次：2020年11月　第1次
书　　号：ISBN 978-7-5697-0150-0
定　　价：45.00元

编委会

编写说明

《童眼看广安教师教学用书》是一本立足广安乡情，立足广安幼儿现实生活经验，立足幼儿德育发展需求，富有生活化、经验化、本土化、特色化的教学用书。本书的编写以教育部颁布的《幼儿园教育指导纲要（试行）》《幼儿园工作规程》和《3–6岁儿童学习与发展指南》为依据，以陈鹤琴的“大自然、大社会都是活教材”的学前教育课程理论思想、陶行知的生活教育理论和生活课程论为指导，利用广安独有的自然、人文等资源进行乡情教育，从而萌发幼儿的乡土情怀，激发幼儿爱家乡的情感，传承与弘扬家乡特色文化及优秀传统文化。

本书精心选择广安的自然地理、红色文化、民俗文化、饮食、建筑、城乡新貌等特色资源，密切关注幼儿的现实生活，充分考虑幼儿的学习特点，以主题教育模式为载体，以符合幼儿年龄特征及学习与发展需要为目的，形成乡情教育活动主题，遵循“横向相互联系、纵向螺旋上升”的原则进行课程内容编排，内容涵盖五大领域，并贯穿于幼儿的一日生活之中。

本书按小班、中班、大班三个年龄段编写，含24个主题活动。每个主题活动都按主题说明、主题网络图、主题环境布置与活动参考、区域规划、活动设计的顺序进行编写。主题说明具体阐述所选地方特色资源蕴含的教育价值及主题设计意图，概述主题教育目标，介绍主题教育活动方式及途径，提出教学建议。主题网络图以三级网络的形式呈现主题的展开线索及课程网络结构，让人一目了然。主题环境布置与活动参考对主题活动期间教室内外的环境创设提出参考建议。区域规划则对主题活动期间各相关区域的环境创设、物品投放提出具体建议。活动设计包含活动目标、活动准备、活动过程几方面内容，为教师教学提供参考和借鉴。

教师应根据具体园情、班情乃至地域差异，灵活运用本书提供的资源，将各地特色资源有机地融入教育活动中，综合开展五大领域的教育活动，不断充实完善主题活动体系，充分发挥各种教育手段的交互作用，引导幼儿健康全面发展。切不可生搬硬套、照搬照抄，应在合理使用与不断完善的过程中切实提高自身的资源收集、活动设计与组织、环境创设、主题开发等能力。

由于编写时间较短，编者水平有限，疏漏与不足之处在所难免。恳请广大教师在使用过程中提出宝贵的建议和意见。

目录

小　班

中　班

大　班

小　班

主题1 大熊猫与竹子

主题说明

华蓥山有良好的自然条件，是大熊猫的栖息地。2014年8月21日，大熊猫“云涛”“阳花”分别从中国保护大熊猫研究中心卧龙基地和都江堰基地来到华蓥山“安家”。

在“大熊猫与竹子”主题活动中，我们希望通过一系列教育活动，引领幼儿喜欢大熊猫，喜欢家乡的竹子，热爱自己的家乡。幼儿通过观看视频、手工制作、体育游戏等，认识大熊猫；通过唱儿歌、学习功夫等，进一步喜欢大熊猫；通过参观基地、角色扮演等，培养保护大熊猫的意识；通过认识竹子、画竹叶画、骑竹马与演唱儿歌等，初步认识大熊猫与竹子的关系，萌发保护环境和热爱家乡的意识。

让我们和幼儿一起走进“大熊猫与竹子”，去感受大熊猫的欢乐世界！

主题网络图

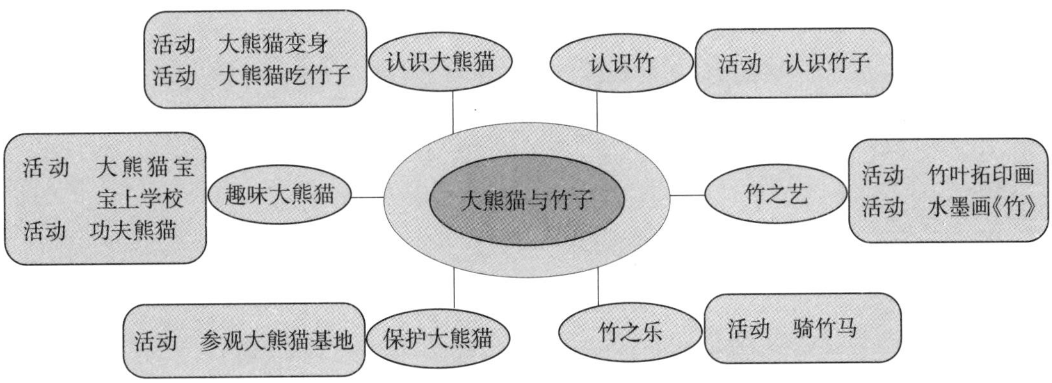

主题环境布置与活动参考

●集体活动“大熊猫变身”“大熊猫宝宝上学校”后，将各种姿势的大熊猫图片和手工作品展示出来，并把大熊猫服饰放至角色表演区。

●集体活动“认识竹子”“竹叶拓印画”后，展示各种竹子的图片及竹子生长过程图，并把竹叶拓印的作品展示出来。

●区域活动“水墨画《竹》”后，展示幼儿的水墨画作品。

区域规划

区域名称	区域布置与活动参考
角色活动区	大熊猫服装、竹子、碗、大熊猫玩具等。竹子精品店:竹子工艺品、水墨画《竹》等。
建构活动区	大熊猫居住地图片,各种积木、假山、石头、竹子、大熊猫玩具等。
益智活动区	大熊猫拼图卡片、大熊猫图片、不同生长阶段的竹子图片。
美工活动区	大熊猫和竹的简笔画、油画棒、卡纸、手工纸、剪刀、固体胶等。
语言活动区	参观大熊猫基地后到活动区讲述看到的实况。

活动一 大熊猫变身

活动形式 ●集体○区域○日常○亲子

重点领域 ○语言●社会○健康●艺术○科学

活动目标

1. 初步掌握使用胶棒进行粘贴的技能,锻炼动手操作能力。
2. 体验手工制作的乐趣。

活动准备

1. 大熊猫外形特征的知识经验。
2. 各种形状的纸条、胶棒、绘画纸等。

活动过程

1. 以猜谜活动为导引,激发幼儿参与活动的兴趣。

教师:有一个好朋友,它脑袋圆圆的,眼睛黑黑的,身穿黑白衣,爱吃嫩竹子。它的名字叫什么?(大熊猫)

教师:大熊猫想要变身,它可以怎样变身呢? 请小朋友来帮忙!

2. 出示大熊猫绘画纸等操作材料,引导幼儿仔细观察。

教师:大熊猫的身体可以用什么形状的纸条变身?

教师:大熊猫的五官可以用哪些图形变身?

3. 幼儿自由操作。教师巡回指导,注意强调使用胶棒的方法。

4. 展示作品,评价交流。

教师:我们请几个小朋友来说说他们是如何让大熊猫变身的,变身中遇到了什么困难,是怎样克服困难的。

活动二　大熊猫吃竹子

活动形式 ●集体○区域○日常○亲子

重点领域 ○语言○社会●健康○艺术○科学

活动目标
1.练习正面向前投掷，发展上肢力量及手眼配合的协调性。
2.体验游戏的乐趣。

活动准备
1.沙包。
2.自制大熊猫筐子若干、竹子沙包。
3.音乐《健康歌》。

活动过程

1.播放《健康歌》，带领幼儿进行热身运动。

2.认识器材，自由玩竹子沙包。

3.创设情境，玩“大熊猫吃竹子”游戏。

(1)幼儿自由向前投竹子沙包。

(2)幼儿将竹子沙包对准大熊猫筐子投掷。

(3)比赛：在规定时间内投掷，看哪只大熊猫筐子中的竹子沙包多。

4.活动总结。

活动三　大熊猫宝宝上学校

活动形式 ●集体○区域○日常○亲子

重点领域 ●语言●社会○健康○艺术○科学

活动目标
1.学习儿歌，理解儿歌内容。
2.大胆尝试朗诵儿歌，体会儿歌带来的乐趣。
3.初步萌发爱学习的情感。

活动准备 儿歌录音、PPT。

活动过程

1. 儿歌《大熊猫宝宝上学校》导入，激发幼儿兴趣。

教师：小朋友们，你们喜欢上幼儿园吗？有一个动物宝宝也喜欢上幼儿园，它藏在儿歌里，听听它是谁？

2. 播放PPT，理解儿歌内容。

教师：大熊猫宝宝上学都做了哪些事情？大熊猫宝宝哪些事情做得好？大家怎样表扬它？

3. 学习儿歌。

(1)教师朗诵儿歌，幼儿仔细倾听。

(2)幼儿边朗诵儿歌边做动作。

(3)分组朗诵儿歌。

4. 教师与幼儿共同总结。

教师：小朋友们，我们也要像大熊猫宝宝一样，养成早睡早起上学不迟到的好习惯，做一个爱学习的乖宝宝！

附：儿歌《大熊猫宝宝上学校》

大熊猫宝宝上学校

（蒋英平创编）

熊猫宝宝上学校，早睡早起不迟到。

坐端正，不吵闹，人人夸它乖宝宝。

活动四 功夫熊猫

活动形式 ●集体○区域○日常○亲子

重点领域 ○语言○社会●健康●艺术○科学

活动目标

1.通过观看《功夫熊猫》，初步了解中国功夫。

2.初步了解韵律活动，能够跟随音乐做简单的身体律动。

活动准备 《功夫熊猫》插曲《Hero》，《功夫熊猫》宣传片，虎、蛇、鹤的图片。

活动过程

1. 观看《功夫熊猫》电影片段，了解中国功夫。

（1）教师：电影中都有哪些动物，它们在干什么？

（2）创设情境“熊猫学武功”。

（3）教师向幼儿介绍中国功夫。

2. 学习并模仿虎拳、蛇拳、鹤拳。

（1）出示图片，介绍虎拳、蛇拳、鹤拳，激发幼儿的学习兴趣。

（2）播放音乐，示范虎拳、蛇拳、鹤拳。

（3）带领幼儿听音乐，学习虎拳、蛇拳、鹤拳。

3. 跟随音乐进行律动活动。

（1）带领幼儿跟随音乐进行完整的律动。

（2）分组演示虎拳、蛇拳、鹤拳。

4. 师幼进行活动小结。

活动五　参观大熊猫基地

活动形式　○集体○区域○日常●亲子

重点领域　○语言●社会○健康○艺术○科学

活动目标

1. 参观大熊猫基地，萌发对大熊猫的喜爱之情。

2. 体验亲子活动的乐趣。

活动准备

1. 通讯录。

2. 交通工具、小旗帜。

活动过程

1. 组织家长及幼儿在指定地点集合，并清点人数。

2. 讲解：参观大熊猫基地的注意事项。

3. 发放小旗帜，参观大熊猫基地。

4. 组织参观大熊猫饲养员是如何照顾大熊猫的。

5. 组织家长与幼儿进行分享与总结。

活动六 认识竹子

活动形式 ●集体○区域○日常○亲子

重点领域 ○语言○社会○健康○艺术●科学

活动目标
1.了解竹子的外部特征及用途。
2.萌发对大自然的热爱之情。

活动准备
1.竹子和竹制品的图片。
2.幼儿用书。

活动过程

1.谈话导入,引出竹子。

教师:华蓥山上有两只大熊猫,它们喜欢吃什么?我们一起看一看。

2.出示图片,了解竹子的外部特征。

教师:竹子是什么颜色,长什么样子?竹叶是什么颜色,长什么样子?竹节在哪里?竹筒在哪里?它们长什么样子?

3.阅读幼儿用书,了解竹子的用途。

教师:竹子可以用来干什么?大熊猫喜欢吃竹子的哪个部分?

4.师幼总结竹子的用途;树立爱护植物、保护环境的意识。

活动七 竹叶拓印画

活动形式 ●集体○区域○日常○亲子

重点领域 ○语言○社会○健康●艺术●科学

活动目标
1.掌握用竹叶进行简单拓印的方法。
2.感受拓印的乐趣。

活动准备
1.竹叶若干、竹筐。
2.棉签、盘子、绘画纸等操作材料。

活动过程

1.出示竹叶小船,激发幼儿探索竹叶玩法的兴趣。

教师:这是什么?它是用什么做的?

2.幼儿自由探索竹叶的玩法。

教师:竹叶除了可以做小船,还可以怎么玩?

3.出示范画,幼儿欣赏,引导幼儿探索竹叶拓印画的方法。

教师:竹叶有神奇的魔法,不仅能做玩具小船,还可以变成美丽的图画。这幅画上有什么?它是怎样做成的?

4.教师示范,幼儿尝试拓印。

(1)教师强调拓印要求,并示范。

(2)幼儿自由拓印,教师巡回指导。

5.幼儿自由结对将自己的画贴在竹筐上,制作竹灯。

6.教师与幼儿一起挂竹灯,布置教室环境。

活动八　水墨画《竹》

活动形式　○集体●区域○日常○亲子

重点领域　○语言○社会○健康●艺术○科学

活动目标

1.欣赏水墨画《竹》,感受水墨画之美。

2.萌发对水墨画的喜爱之情。

活动准备　各种竹的水墨画。

活动过程

1.出示水墨画,引导幼儿欣赏。

教师:你们刚才看到了什么?喜欢这种风格的画吗?它和我们平时看到的画有什么不一样?

2.介绍水墨画。

教师:画水墨画需要哪些材料?水墨画是怎么画出来的呢?我们一起来看一看。

3.欣赏各种水墨画《竹》。

教师:家乡的竹用水墨画出来是什么样子呢?我们一起来看看。

教师:画上的竹是什么样子的?是什么颜色的?

活动延伸

请幼儿回家和爸爸妈妈共同尝试用水墨画竹子。

活动九　骑竹马

活动形式　●集体○区域○日常○亲子

重点领域　○语言○社会●健康○艺术○科学

活动目标

1.学习民间游戏“骑竹马”,能双脚并拢跳。

2.喜欢民间游戏,体验游戏过程中的快乐。

活动准备

1.竹马(每人一个)。

2.有激情的音乐、轻音乐。

活动过程

1.教师带领幼儿用竹竿做热身运动。

2.鼓励幼儿自由探索竹竿的玩法并分享经验。

3.学习民间游戏“骑竹马”。

(1)介绍“骑竹马”的游戏规则及玩法。

骑竹马就是用一根竹竿当“马”,放在两腿中间,前面用手把牢,指挥着它奔跑或停止。在玩的过程中,双手要握紧“马脖子”,双腿夹紧“马肚子”,双脚用力向前跳。

(2)教师示范“骑竹马”的玩法。

(3)幼儿自由练习“骑竹马”。

4.游戏“谁的竹马跑得快”。

创设情境,播放有激情的音乐,进行单人“骑竹马”比赛。

5.活动结束。

创设情境,播放轻音乐,教师带领幼儿“骑竹马”慢慢跳回“家”。

主题2 小平爷爷的童年

主题说明

1904年8月22日，一代伟人邓小平出生在四川省广安县协兴乡牌坊村的邓家老院子。从此，极具川东风情的邓家三合院留下了他跃动的身影，清水塘留下了他和小伙伴嬉戏的笑声，掩映在竹林中的蚕房院子留下了他摘桑养蚕的足迹……

对于广安的孩子而言，家乡伟人邓小平的童年生活充满了吸引力与亲切感。在“小平爷爷的童年”这个主题活动中，我们将带领孩子去了解与体验邓小平的童年生活，去聆听他与小伙伴摸鱼捉蟹的趣事，去感受他和父母之间的温暖情感，去体验用四川话念诵童谣的乐趣，去体会玩泥巴、躲猫猫等民间游戏带来的快乐……主题活动不但能加深孩子对邓小平童年生活的了解，还将激发起他们敬伟人、爱家乡、爱自然的情感。

让我们和孩子一起走进邓小平的童年时光，去追寻邓小平童年成长的足迹！

主题网络图

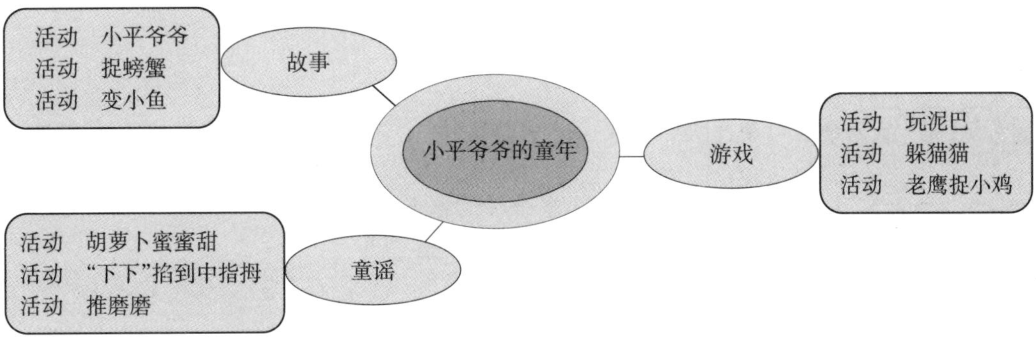

环境布置与活动参考

●集体活动“小平爷爷”后，将小平爷爷的画像、幼儿的全家福展示在墙面上。

●集体活动“捉螃蟹”后，将幼儿活动的照片展示在墙面上。

●集体活动“变小鱼”后，将幼儿创作的美术作品展示在墙面上。

●集体活动“胡萝卜蜜蜜甜”“‘下下’掐到中指拇”“推磨磨”后，将童谣内容、幼儿表演、玩手指游戏的照片展示在墙面上。

●集体活动“玩泥巴”后，将幼儿的泥塑作品展示在墙面上。

●日常活动“躲猫猫”“老鹰捉小鸡”后，将幼儿游戏的照片展示在墙面上，可创设“儿时的游戏”主题墙。

区域规划

区域名称	区域布置与活动参考
角色活动区	娃娃家材料:洋娃娃、奶瓶、菜篮子、衣服、帽子、包等。 老鹰头饰、鸡妈妈头饰、小鸡头饰。
科学活动区	探索泥的工具与材料:筛子、泥土、沙、盆、水等。
数学活动区	各种鱼的拼图、螃蟹图片。
美工活动区	泥、水、美工工具。 各种彩纸、各种鱼的轮廓、水彩笔、油画棒、胶棒、各种粘贴纸等。
语言活动区	小平爷爷全家福、幼儿的全家福。 广安童谣《胡萝卜蜜蜜甜》《"下下"掐到中指拇》《推磨磨》图片。 《伟人故里系列连环画:邓小平与广安》。

活动一 小平爷爷

活动形式 ●集体○区域○日常○亲子

重点领域 ●语言●社会○健康○艺术○科学

活动目标

1. 认识小平爷爷,了解小平爷爷的家人。
2. 萌发对小平爷爷的热爱和崇敬之情。

活动准备

1. PPT图片。
2. 视频:《小平爷爷的故事》。
3. 前期经验:听爸爸妈妈讲小平爷爷的故事。

活动过程

1. 出示PPT图片,引导幼儿认识小平爷爷。

教师:小朋友们,猜一猜这是谁?

小结:这是小平爷爷,小平爷爷原名邓先圣,学名邓希贤,是我们中国的一代伟人,他出生在我们广安……

2. 教师和幼儿一起看PPT图片,认识小平爷爷的家人。

教师:这是小平爷爷一家,猜猜他们分别是谁?你是怎么猜出来的?

3.观看视频《小平爷爷的故事》。

4.说一说我心目中的小平爷爷。

教师:你们都知道哪些关于小平爷爷的故事?

5.理解“中国的一代伟人”的含义。

教师:我们常说小平爷爷是我们中国的一代伟人,你们知道这是什么意思吗?

6.讨论:我长大要做什么样的人。

活动二 捉螃蟹

活动形式 ●集体○区域○日常○亲子

重点领域 ○语言○社会●健康○艺术○科学

活动目标

1.练习双脚交替向前走平衡木和梅花桩,发展幼儿的平衡力和协调力。

2.体验游戏的快乐,培养幼儿不怕困难、勇往直前的精神。

活动准备

1.平衡木、梅花桩若干;小块积木若干;小篮子若干;螃蟹卡片若干。

2.音乐。

活动过程

1.教师带领幼儿到户外场地,随着音乐做热身运动。

教师:上次我们听了小平爷爷的故事,知道小平爷爷小时候常常和小伙伴到小溪里捉螃蟹,非常好玩。今天我们也去小溪里捉螃蟹吧,让我们撸起袖子、挽起裤脚出发吧。

2.教师介绍游戏场地,说明游戏玩法。

教师:这些小桥(平衡木)是通往小溪的路。我们要走过小桥,跨过小溪里的大石头(梅花桩),踩在小溪里的小石头(小块积木)上,将溪里的螃蟹捉起来,放进篮子里并带回来。(邀请一位幼儿进行示范,激发其他孩子参与的兴趣)

3.幼儿分组进行游戏。提醒幼儿遵守游戏规则。

教师:我们分小组来比赛捉螃蟹,音乐响起时各组出发去捉螃蟹,音乐停止时提着篮子原路返回。请注意:过小桥时要身体向前,双脚交替向前走;捉螃蟹时脚不能掉进溪水里,不然螃蟹会夹你的脚。最后捉螃蟹最多的小组为胜。

4.教师带领幼儿做放松运动。

活动三 变小鱼

活动形式 ●集体○区域○日常○亲子

重点领域 ○语言○社会○健康●艺术○科学

活动目标

1.能大胆想象,画出自己喜欢的小鱼。

2.感受集体合作装饰池塘的乐趣。

活动准备

1.池塘背景图。

2.彩色绘画纸、记号笔、儿童剪刀、胶水、双面胶若干。

3.视频《池塘里的小鱼》。

活动过程

1.谈话引出主题。

教师:上次我们参观了小平爷爷故里,听了小平爷爷小时候到清水塘捉鱼的故事。除了清水塘可以捉到小鱼,其他的池塘有小鱼吗?我们一起来看一看!

观看视频《池塘里的小鱼》,引导幼儿仔细观察并描述鱼的形状。

教师:鱼儿是什么样子的?什么颜色?

2.出示池塘背景图,激发幼儿画小鱼的兴趣。

教师:池塘里少了什么?(鱼儿不见了)池塘里没有鱼儿怎么办?你有什么好办法变出小鱼?

3.为池塘变小鱼。

(1)教师示范:池塘里没有小鱼,我们用魔法笔变出小鱼来。

第一步:选一张自己喜欢的绘画纸。

第二步:用记号笔在绘画纸上画出自己喜欢的鱼。

第三步:用剪刀把小鱼剪下来。

第四步:将剪下的小鱼粘贴到池塘里。

(2)幼儿动手画出自己喜欢的小鱼,将小鱼剪下来,粘贴在池塘里。

4.幼儿与同伴欣赏池塘的美景,分享自己画的小鱼。

活动四　胡萝卜蜜蜜甜

活动形式 ●集体○区域○日常○亲子

重点领域 ●语言○社会○健康○艺术○科学

活动目标
1.体验用四川方言念诵童谣的乐趣，萌发对家乡的喜爱之情。
2.比较两个时代的生活，懂得珍惜现在的幸福生活。

活动准备 PPT图片、两个时代过年时的照片若干。

活动过程

1.以提问的方式唤起幼儿对过年情景的回忆，引出童谣。

教师：你们喜欢过年吗？为什么喜欢？小平爷爷小时候过年吃什么、玩什么呢？小朋友们一起来听一首童谣吧。

2. 教师用四川话念诵童谣《胡萝卜蜜蜜甜》，让幼儿感受方言童谣的趣味。

教师：这首童谣听起来和我们平常听到的不一样，是用什么话念出来的？这是一首方言童谣，因为是咱们四川人自己写的，所以叫作四川童谣。我们念童谣的时候要用四川话来念，才有特色，才让人觉得有趣！

3.出示PPT，带领幼儿用四川话念童谣，体验本地方言的特色。

4.出示照片，请幼儿比较两个时代生活条件的差别。

教师：小平爷爷小时候过年时吃的什么、穿的什么？我们过年时吃的什么、穿的什么？谁的生活更好？

5.请幼儿画胡萝卜，边画边背诵童谣。

附：

胡萝卜蜜蜜甜

（民间童谣）

胡萝卜蜜蜜甜，看到看到要过年。

过年好吃又好耍，胡萝卜炖嘎嘎。

活动五　“下下”掐到中指拇

活动形式 ●集体○区域○日常○亲子

重点领域 ●语言○社会○健康○艺术○科学

活动目标
1.学习童谣，理解广安方言“黑了”“下下”的意思。
2.在手指游戏中念诵童谣，感受童谣的趣味。

活动准备 童谣音频、幼儿用书。

活动过程

1.请幼儿找一找自己和同伴的中指拇，比较中指拇与其他手指的区别。

教师：小朋友们，请伸出你们的小手，找一找中指拇在哪里。中指拇和其他手指比起来有什么不一样？

2.播放童谣音频，请幼儿欣赏童谣，感知童谣内容。

教师：今天，我们学习一首与中指拇有关的童谣，名字叫《“下下”掐到中指拇》，我们一起来听一听。

教师：你从童谣里听到了什么？

3.带领幼儿学习童谣，了解“黑了”“下下”的意思。

（1）教师带领幼儿逐一阅读幼儿用书上的图画，了解每句童谣的意思。

（2）理解方言“黑了”“下下”的意思。

教师：这是广安方言，“黑了”的意思是“晚上”，“下下”的意思是“每次”。

4.幼儿玩手指游戏，边玩边念诵童谣。

教师：我们一起边念童谣边玩手指游戏吧！小朋友们，你们每次都掐到中指拇了吗？

（1）点数手指头。

幼儿用左手食指点数右手每一个手指（从大拇指开始，反复循环），一边玩一边念童谣。

（2）猜中指拇。

每一个幼儿找一个好朋友，商量好谁猜谁藏，先一起念童谣，念完之后开始猜中指拇。如果猜对了，两个朋友就抱一抱，如果猜错了，就刮一刮对方的小鼻子。

5.鼓励幼儿在家中和爸爸妈妈一起玩此游戏。

附：

“下下”掐到中指拇

（民间童谣）

一二三四五，上山打老虎，

老虎要吃人，“黑了”要关门，

门对门，虎对虎，下下掐到中指拇。

活动六 推磨磨

活动形式 ●集体○区域○日常○亲子

重点领域 ●语言○社会○健康○艺术●科学

活动目标
1. 知道石磨是一种劳动工具，初步了解石磨的作用。
2. 学习童谣，理解方言“嘎(gā)嘎(gā)”的意思。
3. 根据童谣创编动作并进行表演。

活动准备 推磨的视频、PPT。

活动过程

1. 教师出示PPT，引导幼儿认识石磨。

教师：这是小平爷爷家的一种劳动工具。它是什么形状？是用什么做成的？你知道它的名字吗？它有什么作用？

小结：这是石磨，是由石头打磨成的，分上下两层，中间是磨盘。石磨是以前劳作的一种工具，主要用来磨一些粮食，小平爷爷家就常常用石磨磨面粉、磨豆浆……

2. 幼儿观看视频，了解如何使用石磨。

教师：石磨怎么使用？怎样才能磨出粮食？我们一起来看看视频。

教师：“推着石磨走”这个动作叫做“推磨”，我们一起来听一听《推磨磨》这首童谣。

3. 幼儿学习童谣，理解方言“嘎(gā)嘎(gā)”的意思。

(1)幼儿欣赏童谣，感知童谣内容。

教师：你在童谣里听到了什么？

(2)出示PPT，师幼一起念诵童谣。

(3)学习尊老敬老的优良品德。

教师:推完磨,煮好食物后,小朋友要去请谁来尝一尝?“嘎(gā)嘎(gā)”指的谁?(外婆)为什么要请“嘎(gā)嘎(gā)”和婆婆来尝一尝?

4.幼儿创编动作,表演童谣。

附:

推磨磨

(民间童谣)

推磨摇磨,推个粑粑好大个。

推粑粑,请“嘎(gā)嘎(gā)”。

推坨坨,请婆婆。

活动七 玩泥巴

活动形式 ●集体○区域○日常○亲子

重点领域 ○语言○社会○健康○艺术●科学

活动目标

1.感受干泥土和湿泥土的不同,初步探索泥土的特性。

2.萌发亲近大自然、热爱大自然的情感。

活动准备

1.一片泥地。

2.挖泥、敲碎泥的工具;筛泥巴的筛子;小盆;水。

活动过程

1.带幼儿来到空泥地,激发幼儿动手探索的兴趣。

教师:泥土抓在手里是什么感觉?(凉凉的、硬硬的,幼儿自由猜测)

2.幼儿通过摸一摸、捏一捏的方法,初步感知泥土的特性。

教师:用手摸一摸、捏一捏泥土,说一说是什么感觉。

3.幼儿感知泥土的变化:从干泥土变成湿泥土。

(1)幼儿分组,自由探索将干泥土变成湿泥土的方法。

(2)交流讨论:水的分量与泥土干湿的关系。

教师:为什么有的小朋友和出的湿泥土是软软的,可以拿起来玩?而有的不能拿起来玩?有的一拿就散开了?

小结：我们在和泥土的时候，如果加太多水，泥土就会很稀，不容易成形；而加的水太少了，泥土又会太干，一抓就会散开；只有把水加得合适，湿泥才能拿起来玩。

4. 幼儿玩一玩泥塑：用泥土做出各种造型。

教师：用泥土可以做些什么东西呢？

5. 将幼儿做的泥塑放在班级展示区，供大家欣赏。

活动八　躲猫猫

活动形式　●集体○区域●日常○亲子

重点领域　○语言○社会●健康○艺术○科学

活动目标　1. 尝试使用“上面、下面、前面、后面、里面、外面”等词来描述空间位置。
2. 玩躲猫猫的游戏，体验游戏带来的快乐。

活动准备　供幼儿躲藏的户外场地布置：大纸箱、大树、蘑菇房子、有台布的桌子等。

活动过程

1. 一人寻找，其他人躲藏。

2. 游戏开始。

寻找者蒙上眼睛数十下，躲藏者快速躲起来，数十下以后寻找者开始寻找。在规定时间内，躲避得好，没有被发现者，可获得一个小奖品。

3. 被找到的幼儿说一说刚才藏在什么位置，引导幼儿用方位词来描述。

4. 交换角色进行游戏。根据幼儿兴趣，可多次进行。

活动九　老鹰捉小鸡

活动形式　●集体○区域●日常○亲子

重点领域　○语言○社会●健康○艺术○科学

活动目标

1. 在游戏中训练快速躲闪的能力。
2. 体验民间游戏带来的快乐，培养团结合作的精神。

活动准备 老鹰头饰一个、鸡妈妈头饰一个、小鸡头饰若干。

活动过程

1. 六人一组，一人扮演老鹰，一人扮演鸡妈妈，其他人扮演小鸡。

2. 游戏开始。

小鸡必须抓着鸡妈妈的衣服躲在她身后；鸡妈妈要张开双臂，保护后面的小鸡。小鸡拉紧鸡妈妈的衣服，鸡妈妈往哪边跑，小鸡就跟着往哪边躲避，防止被老鹰抓住。被老鹰抓住的小鸡被淘汰。

3. 在规定时间内，没有被老鹰抓住的小鸡获胜，可获得一个小奖品。

4. 交换角色进行游戏。根据幼儿兴趣，可多次进行。

主题3 邻水脐橙

主题说明

邻水脐橙产于邻水柑子、观音等30多个乡镇。每年冬天，邻水县漫山遍野的金黄色的脐橙挂满枝头，到处是丰收的景象。邻水脐橙是邻水县的优势农产品之一，于1999年和2001年在中国国际农业博览会上获得国际名牌产品认证，产品热销国内外，邻水县获得“中国脐橙之乡”称号。

在“邻水脐橙”这个主题中，我们希望通过一系列活动让幼儿认识脐橙、了解脐橙、爱上脐橙、爱上邻水、爱上家乡。在“邻水的脐橙”“可爱的脐橙”“脐橙总动员”“‘1’和‘许多’”活动中，幼儿通过看一看、摸一摸、尝一尝、画一画、拼一拼等形式，认识脐橙的特征，知道脐橙是家乡的特产；在“脐橙长啊长”“摘脐橙咯”“小小运输员”活动中，幼儿通过听一听、摘一摘、玩一玩等形式，了解脐橙的生长过程，感受邻水脐橙丰收的喜悦；在“脐橙宝宝”“我爱吃水果”活动中，幼儿通过唱一唱、说一说等形式，了解脐橙的价值，加深对脐橙的喜爱。

让我们和幼儿一起走进“邻水脐橙”，享受丰盛的脐橙大餐吧！

主题网络图

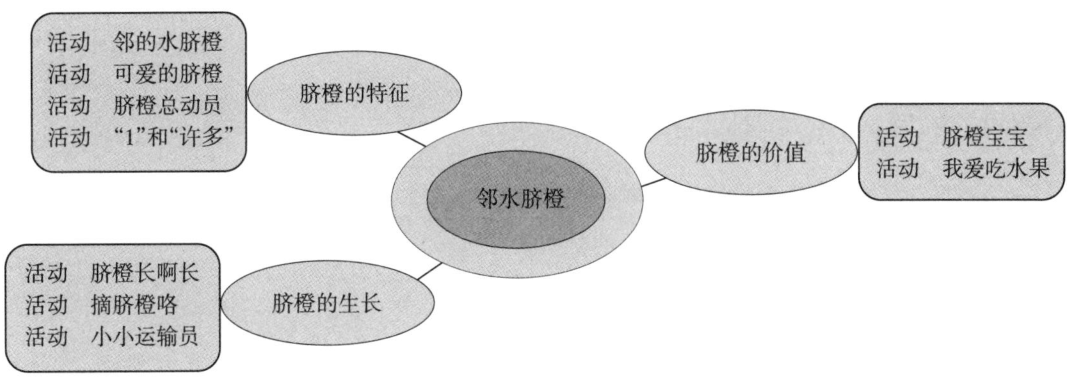

主题环境布置与活动参考

●集体活动“邻水的脐橙”后，将邻水特产的包装盒图片以及奖牌，脐橙剖面、果肉、果核等图片展示在墙面上。

●区域活动“脐橙总动员”后，将幼儿作品展示在墙面上。

●集体活动“脐橙长啊长”后，将脐橙的生长过程图片布置在墙面上。

●集体活动“脐橙宝宝”后将脐橙皮作品陈列在区域或教室。

●集体活动“我爱吃水果”后，将各种水果图片布置在墙面上。

区域规划

区域名称	区域布置与活动参考
美工活动区	脐橙拼图、油画棒、颜料、棉签、剪刀、脐橙简笔画。
语言活动区	自制小书。

活动一 邻水的脐橙

活动形式 ●集体○区域○日常○亲子

重点领域 ●语言○社会○健康○艺术●科学

活动目标

1. 运用多种感官感知脐橙的基本特征。
2. 初步了解脐橙的各种食用方法。
3. 知道脐橙是邻水的特产。

活动准备 水果箱（里面装若干脐橙）、邻水脐橙荣誉证图片、不同的脐橙图片。

活动过程

1. 用取水果的游戏导入，激发幼儿的兴趣。

教师：我这里有一个水果箱，里面装着一种好吃的水果，请小朋友排队，每人取一个水果。

2. 观察实物——脐橙，感知脐橙的外形特点。

（1）看一看。

教师:水果箱里装的水果叫脐橙。小朋友们,脐橙是什么颜色,什么形状?脐橙的脐眼在哪里?脐眼有什么特征?

(2)摸一摸。

教师:请小朋友们摸一摸脐橙,说一说是什么感觉。

(3)闻一闻。

教师:请小朋友们闻一闻脐橙,说说脐橙闻起来是什么气味。

3.操作感受——切开脐橙,观察脐橙的创面及果肉、果核特点。

(1)切脐橙。

教师:我们来切开脐橙皮,看看果肉是什么颜色,像什么。

(2)看脐橙。

教师:脐橙切开后的剖面像什么?从顶到肚脐切与从中间直接切开有什么不同?

(3)脐橙核。

教师:果肉果面有什么?(种子)是什么颜色?像什么?摸起来什么感觉?

(4)尝脐橙。

引导幼儿观看不同的脐橙制品,并品尝。

活动延伸

(1)家长带孩子品尝脐橙,感受脐橙的滋味。

(2)利用图片,了解脐橙是邻水的特产,知道所获荣誉。

活动二　可爱的脐橙

活动形式 ●集体○区域○日常○亲子

重点领域 ●语言○社会○健康●艺术○科学

活动目标

1.理解儿歌内容,能有节奏地念诵儿歌。

2.进一步感知脐橙的特征。

活动准备 原创儿歌《可爱的脐橙》。

活动过程

1.利用实物回顾脐橙的特点。

2. 学习儿歌。

(1)幼儿欣赏儿歌(教师有节奏地念诵儿歌两遍)。

教师:儿歌里,脐橙是什么样子的?(大的、圆的、香的、甜的)脐橙躲在哪里?(叶子里——藏叶间)脐橙开心吗?你怎么知道的?(笑——露笑脸)

(2)幼儿学念儿歌。

教师:我们一起来念念儿歌吧。

3. 表演儿歌。

(1)引导幼儿用可爱的动作表现儿歌内容。

(2)分组表演儿歌。

4. 阅读幼儿用书,进一步感知脐橙的可爱。

附:

可爱的脐橙

邓恋明 杨霞

脐橙脐橙大,脐橙脐橙圆,脐橙脐橙藏叶间。

脐橙脐橙香,脐橙脐橙甜,脐橙脐橙露笑脸。

活动三 脐橙总动员

活动形式 ●集体○区域○日常○亲子

重点领域 ●语言○社会○健康●艺术○科学

活动目标

1. 欣赏脐橙画作品,进一步感知脐橙的色彩与形状。
2. 大胆地绘画脐橙,体验创作的乐趣。

活动准备

1. 脐橙画作品。
2. 人手一张脐橙树画稿。
3. 橙色颜料、棉签、排笔、油画棒、脐橙拼图块、脐橙简笔画。

活动过程

1. 导入活动:有节奏地边念边表演儿歌《脐橙宝宝》。

2. 欣赏脐橙名画作品,说出画中脐橙及脐橙叶子的颜色、外形。

教师:画中是什么水果?脐橙是什么颜色,什么形状?脐橙的叶子是什么颜色?

3. 教师简单介绍脐橙画。

教师:这幅画是用什么材料画的?(颜料)

4. 幼儿用棉签蘸颜料画脐橙。

5. 展评幼儿的作品。

活动延伸

美工区格放脐橙图片及拼图块,幼儿进行涂涂拼拼。

活动四 “1”和“许多”

活动形式 ○集体○区域●日常○亲子

重点领域 ○语言○社会●健康○艺术●科学

活动目标

1. 初步感知“1”和“许多”的含义,能区分“1”和“许多”。
2. 激发幼儿对数的兴趣,发展感知能力。

活动准备 脐橙树卡片、脐橙卡片、水果篮、音乐、礼物卡片(卡片上分别有“1个脐橙”或“许多脐橙”)。

活动过程

1. 音乐导入。

教师:脐橙园的果子成熟啦,我们开着小火车到脐橙园去吧。

2. 幼儿通过摘脐橙游戏感知“1”和“许多”。

(1)用摘脐橙游戏让幼儿区别“1”和“许多”。

教师:有几棵脐橙树?(一棵脐橙树)树上有多少脐橙呀?(引导幼儿说出许多脐橙)一个小朋友摘一个脐橙,边摘边说:“我摘了一个脐橙。”现在篮子里有多少脐橙呀?(有许多的脐橙)一个一个的脐橙合起来就变成了许多,许多脐橙是由一个一个的脐橙组成的。

(2)通过观察“1”和“许多”的礼物卡片,区分“1”和“许多”。

教师:你的礼物卡片上有多少脐橙?

3. 结束部分:跟随音乐跳丰收舞。

活动五 脐橙长啊长

活动形式 ●集体○区域○日常○亲子

重点领域 ●语言○社会○健康○艺术●科学

活动目标
1.了解脐橙的生长过程。
2.初步培养幼儿探究自然现象的兴趣。

活动准备 脐橙生长过程的图片或视频、纸、画笔、订书机。

活动过程

1.让幼儿猜一猜脐橙长在哪里。

教师:脐橙长在哪里?脐橙是怎么长大的?

2.出示图片,播放视频,请幼儿观察并说出脐橙的生长过程。

教师:脐橙开的花是什么颜色的,像什么?脐橙小的时候是什么颜色,像什么?脐橙长大后是什么颜色?脐橙是怎样长在树上的?

3.教师总结脐橙的生长过程。

4.请幼儿和身边的同伴说一说脐橙的生长变化。

活动延伸

幼儿与家长一起制作脐橙生长的小书。

活动六 摘脐橙咯

活动形式 ○集体○区域○日常●亲子

重点领域 ●语言○社会○健康○艺术●科学

活动目标
1.感受脐橙丰收的景象,体验与父母一起摘脐橙的乐趣。
2.能大胆地分享交流自己的劳动成果。

活动准备

1. 衔接好脐橙园的摘脐橙的活动。
2. 篮子、剪刀、口袋。
3. 采摘前的要求及分组安排。

活动过程

1. 幼儿和家长一起带好采摘工具到脐橙园，教师给幼儿和家长讲解注意事项。

2. 家长和幼儿一起合作采摘脐橙，让幼儿感受采摘的乐趣。

3. 大家一起分享交流。

教师：数数你们摘了多少个脐橙。看看你们摘的脐橙有什么相同点，有什么不同点。你觉得摘脐橙有趣吗？

4. 幼儿和家长带着自己摘的脐橙回家。

活动七 小小运输员

活动形式 ●集体○区域○日常○亲子

重点领域 ○语言●社会●健康○艺术○科学

活动目标

1. 学习推独轮车运送果子，练习平衡、协调能力。
2. 体验丰收时劳动的快乐。

活动准备

1. 刺球或沙包(代表脐橙)、筐子、独轮车。
2. 音乐、场地布置。

活动过程

1. 准备活动。

教师和幼儿听音乐做准备活动：上肢伸展、下蹲、扩胸、体侧等。

2. 玩游戏：小小运输员——运脐橙。

(1)讲解游戏玩法；幼儿练习运脐橙。

幼儿推着独轮车到“脐橙园”去装脐橙，装好后把它运回来，放到筐里。

(2)幼儿比赛运脐橙。

组织幼儿分组比赛，看哪一组运的脐橙多。

3.放松活动。

教师:这一筐筐的脐橙,都是我们小朋友自己运送回来的,劳动真快乐呀! 我们一起来跳个快乐的丰收舞吧!(师生一起随音乐跳舞放松)

4.小结;收拾活动器材。

活动八 脐橙宝宝

活动形式 ●集体○区域○日常○亲子

重点领域 ○语言●社会○健康●艺术○科学

活动目标
1.学习歌曲,感受歌曲的节奏和韵律。
2.能大胆地用肢体动作表现歌曲内容。

活动准备 音乐《脐橙宝宝》、脐橙皮、牙签、记号笔、胶水、画纸。

活动过程

1.导入:师幼一起回顾脐橙的特征。

2.欣赏歌曲《脐橙宝宝》,了解歌词内容。

教师:你听到歌曲里面唱了什么?

3.再次感受歌曲节奏、熟悉歌词。

4.学唱歌曲,创编身体动作。

(1)引导幼儿随歌曲韵律学唱歌曲。

(2)引导幼儿为歌曲创编身体动作。

(3)分组进行集体表演。

5.总结幼儿的表现。

活动延伸

美工区提供脐橙皮供幼儿创作。

活动九 我爱吃水果

活动形式 ●集体○区域○日常○亲子

重点领域 ●语言○社会○健康○艺术●科学

活动目标
1.欣赏绘本并爱上吃水果,知道水果有丰富的营养。
2.学习用“我爱吃……”的句式进行表达。

活动准备
1.绘本《爱吃水果的牛》。
2.各种水果的图片。

活动过程

1.欣赏绘本《爱吃水果的牛》。

教师:主人给牛吃了哪些水果?牛吃了水果以后,身体有什么变化?

2.说说认识的水果,重点谈谈脐橙。

教师:你们认识哪些水果?(幼儿说,老师出示相应的图片)脐橙有哪些营养?

3.学习用“我爱吃……”的句式表述。

教师:你们爱吃什么水果?

4.教师将幼儿说的内容记录下来。

5.小结:我们爱吃水果!因为水果营养丰富,吃了水果身体会长得棒棒的。

主题4 岳池米粉

主题说明

“岳池好，好岳池，岳池米粉越吃越好吃。”你听说过这句话吗？知道它妙在何处吗？怎样对下半句？是不是很想试一试？

岳池米粉已有300多年的历史，2013年6月被国家工商行政管理总局商标局核准为国家地理标志证明商标。它味道鲜美，质地细软，入口微嚼即烂，易于消化，备受人们喜爱。

在“岳池米粉”这一主题中，我们通过一系列活动让幼儿认识、了解岳池米粉。如在“认识岳池米粉”中，幼儿通过闻、摸、尝岳池米粉，初步了解米粉特点和制作方法；在“我是魔法师”中，幼儿通过撕纸的方式去制作米粉，提高幼儿对米粉的兴趣；在“米粉厂大探秘”中，引导幼儿参观米粉厂，通过交流，亲身体验和感受岳池米粉的制作过程，开阔幼儿眼界，积累生活经验，培养幼儿探究问题的兴趣与仔细观察的能力，鼓励幼儿在活动中了解家乡的特产，从而萌发对家乡的喜爱之情。

主题网络图

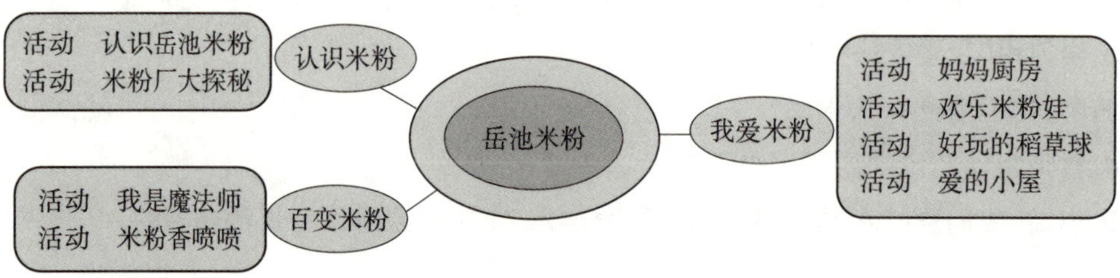

主题环境布置与活动参考

●在集体活动“认识岳池米粉”中观察使用到的图片，可以打印并展示出来，让幼儿继续认识米粉，与小伙伴们共同讨论。

●在亲子活动“米粉厂大探秘”后，将米粉制作过程图片展示在主题墙上。

●在集体活动“我是魔法师”和“米粉香喷喷”后，将制作的米粉展示在教室里或走廊上，让幼儿和家长观摩学习。

●在亲子活动“妈妈厨房”后，将妈妈炒菜的图片张贴在娃娃家内，幼儿角色扮演时进行模仿。

●在集体活动“欢乐米粉娃”后，将幼儿律动表演的图片展示在幼儿表演区。

●在集体活动“好玩的稻草球”后,将幼儿制作的稻草球投放到幼儿自制玩具收纳区。

区角名称	区域布置与活动参考
角色活动区	岳池米粉馆烹饪米粉图片、各种米粉食品图片。 投放岳池米粉厂环境图片、制作米粉图片。 《欢乐米粉娃》教学资源。
美工活动区	投放美工材料:薄卡纸、双面胶、胶棒、油画棒、皱纹纸、废旧报纸等。 投放稻草,让幼儿自己创作。
益智活动区	投放幼儿制作的米粉、筷子、勺子,大胆使用筷子或者勺子。
语言活动区	绘本图画。

活动一 认识岳池米粉

活动形式 ●集体○区域○日常○亲子

重点领域 ●语言●社会○健康○艺术○科学

活动目标

1.了解岳池米粉的基本特征。

2.初步了解岳池米粉的制作过程。

活动准备

1.用不同方法烹饪的米粉图片。

2.每组一盘煮好的米粉。

3.岳池米粉制作过程图片。

活动过程

1.以谈话形式,激发幼儿认识米粉的兴趣。

教师:今天老师给你们带来了好吃的米粉。(出示米粉图片)

教师:小朋友可以用眼睛看一看,用小手摸一摸、捏一捏,用鼻子闻一闻米粉到底是什么样子的。(出示实物米粉)

2.引导幼儿利用感官来感知米粉的基本特征。

(1)对幼儿的操作进行梳理。

教师:小朋友看一看,米粉是什么样子的。(长长的、细细的)

教师:米粉是什么颜色的。(白白的)

教师:用小手来摸一摸白色的米粉有什么感觉。(滑滑的)

教师:再用你的手指来捏一捏,有什么感觉。(软软的)

(2)教师小结:米粉是细细的、长长的、白白的,摸上去感觉滑滑的、软软的。

3.幼儿观看岳池米粉制作过程图片,教师引导幼儿初步了解岳池米粉的制作方法。

4.活动延伸:大家一起吃米粉。

(1)教师将米粉拌上调料,让幼儿闻一闻,询问闻到了什么。

(2)一起开开心心分享米粉,并引导幼儿懂得爱惜粮食。

活动二　米粉厂大探秘

活动形式　○集体○区域○日常●亲子

重点领域　○语言●社会○健康○艺术●科学

活动目标

1.参观米粉厂,了解米粉的制作过程,初步感知工作人员的辛苦。

2.增进对米粉的喜爱之情。

活动准备　教师、幼儿和家长一起收集米粉的相关资料,了解幼儿的疑问,带着问题参观。

活动过程

1.幼儿及家长集合去米粉厂。

2.工作人员与幼儿互动游戏,消除幼儿与工作人员的陌生感。

3.米粉厂工作人员:小朋友,你们喜欢吃岳池米粉吗?你们知道这些米粉是怎么做成的吗?

4.米粉厂工作人员为幼儿及家长简单地介绍岳池米粉的制作过程(浸泡、粉碎、制丝、烘干、包装)。

5.米粉厂工作人员带领幼儿及家长一起参观米粉厂。

(1)边看边听工作人员介绍米粉的制作步骤。

(2)观察工作人员的操作方法。

(3)强调安全注意事项。

6.活动结束,讨论总结。

家长与幼儿共同总结米粉的制作过程。

活动三　我是魔法师

活动形式　●集体○区域○日常○亲子

重点领域　○语言○社会●健康●艺术○科学

活动目标

1. 能两只手协调配合撕“米粉”,促进小肌肉的发展。
2. 乐意参与撕纸活动。

活动准备

1. 一碗老师撕好的“米粉”、白纸、纸碗。
2. 已有对岳池米粉特点的认知。

活动过程

1. 谈话导入,激发幼儿兴趣。

教师:老师做了一碗不一样的“米粉”,来看一看有什么不一样。(出示老师撕好的米粉)

2. 引导幼儿观察并说出教师制作的“米粉”的特点。

教师:老师制作的“米粉”有什么特点?

3. 教师提供材料示范制作,并讲解动作要领。

教师提示操作要求并示范:伸出小小手,用大拇指和食指紧紧捏着纸,撕一撕、移一移,要慢慢地撕,要撕得细细的、长长的,小心不要撕断了,细细的、长长的米粉才好吃哦。

4. 幼儿自主体验撕“米粉”。

(1)教师再次强调撕“米粉”的动作要领及操作要求。

教师:在你们桌子上有个碗,里面有做“米粉”的白纸,每次只能拿一张白纸做“米粉”,做好的“米粉”放在桌子上的小碗里,请小朋友们开始吧。

(2)教师巡回指导,并引导幼儿边撕“米粉”边念:我做的米粉细又长,我做的米粉白又香。

5. 活动结束,幼儿分享做“米粉”的感受。

活动四 米粉香喷喷

活动形式 ●集体○区域○日常○亲子

重点领域 ○语言○社会●健康●艺术○科学

活动目标

1. 尝试由内到外一圈一圈画螺旋线，表现米粉细细的、长长的特点。
2. 和同伴、老师分享自己的“米粉”，感受活动带来的快乐，体验煮“米粉”与作画融合的乐趣。

活动准备

1. 画有碗的绘画纸、水彩笔、彩色手揉纸及胶水。
2. 不同口味的米粉图片、示范作品。

活动过程

1. 谈话导入。

教师：小朋友，你们看老师带来了什么？(出示不同口味的米粉图片，引导幼儿观察米粉及米粉里的配料)

2. 教师示范制作米粉。(展示示范作品)

教师：瞧，这是老师煮的羊肉口味的米粉，看上去真香啊，小朋友们肚子饿了吗？让我们一起来做一碗米粉好不好？

(1)选好碗。

教师：我先选一个美丽的碗，用来装米粉哦！

(2)下米粉。

教师：米粉碗选好了，接下来要做什么？ 我现在要下米粉了，选一支喜爱的颜色的水彩笔，然后在画有碗的画纸上由内向外画螺旋状的米粉。

(3)加调料。

教师：现在我想在米粉上撒点调料，那样煮出来的米粉会很香(展示皱纹纸)，我把里面的拌菜调料撕成一小段一小段的，粘在米粉上，因为太长了就不好吃了，用“大拇哥”和“二拇弟”撕下来，然后蘸一点胶水贴在画好的米粉上。

3. 幼儿制作“煮米粉”，教师巡回指导，以情境性语言指导幼儿完成作品。

4. 介绍自己制作的米粉。

(1)请1~2个幼儿介绍自己的“米粉”。

(2)教师总结。

教师:你们真能干,做的“米粉”又香又有营养,我都忍不住要吃了。来,我们一起分享“米粉”吧！小心,碗一定要端稳了,千万别打翻了！

活动五　妈妈厨房

活动形式　○集体○区域○日常●亲子

重点领域　○语言●社会○健康 ○艺术○科学

活动目标

1. 了解岳池米粉的几种常见烹饪方法。
2. 品尝妈妈做的米粉,感受妈妈带来的温暖。

活动准备

1. 电磁炉、锅、铲子等烹饪工具,小碗、塑料叉子每人1份,泡好的米粉及制作调料若干。
2. 妈妈们自制的各种米粉食物。
3. 温馨的音乐。

活动过程

1. 谈话导入。

教师:今天我们班来了几位妈妈,你们来看她们都是谁的妈妈呀?(妈妈们出场)

2. 妈妈们展示自制米粉。

教师:妈妈们爱宝贝,为我们准备了好吃的。小朋友,想知道是什么吗?

妈妈们介绍自己做的米粉:炒米粉、煮米粉、凉拌米粉等。

3. 妈妈为我做米粉。

(1)妈妈们现场展示制作炒米粉、煮米粉、凉拌米粉等。

(2)重点引导幼儿观察米粉的烹饪方法及操作流程。

(3)幼儿交流体会。

4. 放温馨的音乐,与妈妈们分享吃米粉的快乐。

教师:哇！妈妈们做的米粉好香呀!(将妈妈和幼儿进行分组)

活动六 欢乐米粉娃

活动形式 ●集体○区域○日常○亲子

重点领域 ○语言○社会○健康●艺术○科学

活动目标 1.在了解岳池米粉烹饪过程的基础上,跟随老师用简单的肢体动作进行模仿和表现。

2.感受乐曲的节奏,体验当小厨师的快乐。

活动准备 1.米粉烹饪过程的视频或图片。

2.音乐。

活动过程

1.播放煮米粉的视频或图片。

让幼儿观察米粉烹饪的过程,激发幼儿当小厨师烹饪米粉的兴趣。

2.教师引导幼儿用肢体动作想象和表现。

教师:在煮米粉之前,需要用温水先清洗,然后浸泡一会儿。(幼儿模仿"洗"的动作)

米粉下锅时小厨师会抓一把米粉放在木质漏勺中甩掉水分。(幼儿模仿左手抓米粉,右手甩勺的动作)

把米粉连同漏勺一起经过烫煮后甩干水分,再盛放在碗里。(幼儿模仿甩勺与盛放在碗里的动作)

要让米粉有味道还需要怎么做呢? 如何添加鲜美的汤料和佐料呢?(引导幼儿两只手做不同动作:端碗、添料)

一碗热腾腾的米粉做好了,感觉怎么样呀?(幼儿表现闻香的动作)

3.跟随乐曲表演。

(1)幼儿欣赏完整的乐曲。

(2)鼓励幼儿根据音乐节奏表现动作,对于大胆表现的幼儿给予评价,教师提供必要的示范。

(3)在老师的带领下集体表演,充分感受表演的欢乐。

附：

欢乐米粉娃

1=C $\frac{2}{4}$

郭丹 曲

3 4 3 4 | 5 $\dot{1}$ 5 | 3 4 3 4 | 3 2 1 |

3 4 3 4 | 5 $\dot{1}$ $\dot{1}$ | 5 6 5 4 | 3 2 | 1 - ‖

活动七 好玩的稻草球

活动形式 ●集体○区域○日常○亲子

重点领域 ○语言○社会●健康●艺术○科学

活动目标

1.通过绕线的方式制作稻草球，锻炼手眼协调能力。

2.利用稻草球尝试多种玩法，发展想象能力。

活动准备

1.经过处理的稻草。

2.透明胶。

活动过程

1.出示稻草球，激发幼儿兴趣。

教师：今天，教室里来了一位新朋友。找一找，它在哪里呀？

教师：哦，这是球，是用稻草做成的！

2.讲述稻草与米粉的关系。

3.鼓励幼儿尝试自己用稻草绕球。

(1)幼儿自己探索绕球的方法。

(2)教师提供示范，引导幼儿编稻草球。

4.引导幼儿使用制作好的稻草球自由玩耍，探索稻草球的多种玩法。

幼儿自由玩稻草球，可以用抛、滚、踢、两人合作玩等方法玩。

活动八 爱的小屋

活动形式 ○集体●区域○日常○亲子

重点领域 ●语言○社会○健康●艺术○科学

活动目标
1.能使用简单的礼貌用语。
2.乐意扮演角色,享受与同伴一起玩耍的乐趣。

活动准备
1.“娃娃家”投放的材料:厨具、围裙、橡皮泥及彩纸。
2.幼儿平时玩“娃娃家”的照片、家里来客人时的照片。
3.幼儿已有参与“娃娃家”游戏及做米粉的经验。

活动过程

1.教师引导幼儿进行角色分配。

教师:玩“娃娃家”时你最喜欢当谁?都做些什么事情?(教师根据幼儿的回答,展示相应的照片)

教师:如果家里来了小客人,爸爸妈妈还会做哪些事情?(教师展示收集的照片)

2.教师引导幼儿进入活动区域。

(1)教师以妈妈的身份带领小客人串门,引导幼儿主动、热情地用米粉招待小客人。

(2)幼儿自由玩耍。教师在幼儿玩耍过程中,关注幼儿的玩耍情况并做出相应的指导。

3.活动总结。

引导幼儿交流应该如何礼貌待客?应为客人做什么事情?做的什么口味的米粉招待客人?

活动延伸

经过一段时间后,幼儿可互换角色玩耍。

主题5 嗨，思源广场

主题说明

思源广场是具有现代气息的综合性城市广场，也是广安最具标志性的景点之一。它背靠渠江，面朝思源大道，依山而建，地势陡峭，通过456级阶梯将城南、城北紧密相连。思源广场的建设融历史文化与现代科技于一体，广场制高点铸立着世界最大青铜宝鼎，中心广场又以音乐喷泉与水幕电影形成一道生动的景观。它以“致富思源”为主题，是纪念邓小平百年诞辰的重点工程之一。

在“嗨，思源广场”这个主题活动中，我们走进思源广场，引领幼儿初步认识广场的特色景观，并能用简单的语言描述出他们眼中的广场，让幼儿初步萌发对家乡的亲近感。教师带领幼儿体会跟随音乐喷泉舞蹈的欢乐，用五彩的颜色描绘出广场的美景，用灵巧的小手拼贴出青铜宝鼎，进一步提升幼儿对家乡的喜爱之情。最后我们通过儿歌让幼儿大声地告诉全世界——思源广场欢迎你！

主题网络图

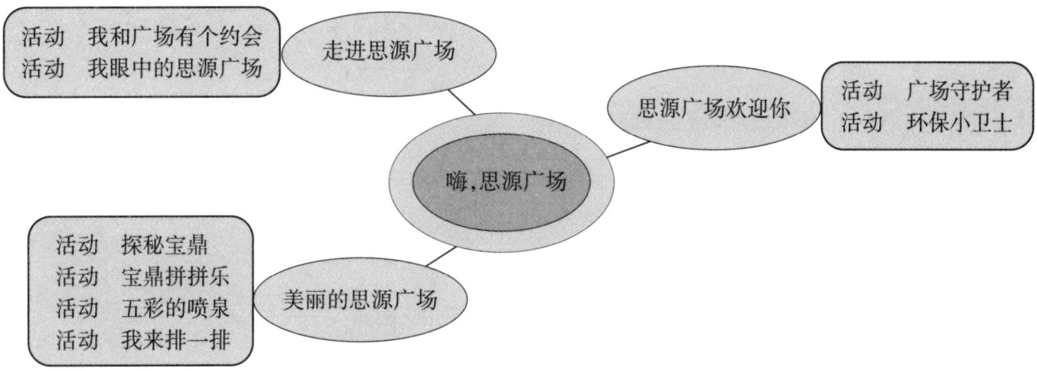

主题环境布置与活动参考

●亲子活动“我和广场有个约会”后，将亲子任务卡布置在墙面上。

●集体活动“我眼中的思源广场”后，将幼儿谈话内容制作成小卡片，布置在墙面上。

●集体活动“探秘宝鼎”后，将各组成部分的图片布置在墙面上。（如做成“宝鼎大揭秘”展览）

●区域活动“五彩的喷泉”后，将作品布置在墙面上。（如做成“喷泉设计师”展览）

●集体活动“广场守护者”后，将环卫工人、园艺师、警察等生活中常见职业的工作情境图片布置在墙面上。（如做成“谁是最可爱的人”板块）

●“环保小卫士”后，将幼儿和家长劳动时的照片布置在墙面上。

区域规划

区域名称	区域布置与活动参考
角色表演区	环卫工人、警察、园艺师、教师、医生、护士、厨师等职业服装。
建构活动区	积木、纸箱、易拉罐、竹筒、纸杯、磁性教具、奶粉罐等废旧物品。
益智活动区	宝鼎的拼图。
美工活动区	刮画纸、绘画纸、彩纸、竹笔、油画棒、水彩笔、彩色铅笔、颜料、安全剪刀、胶水、胶棒等材料。
语言活动区	思源广场俯瞰图、全景图、宝鼎图、音乐喷泉图片、图书馆图片。 环卫工人、警察、园艺师、教师、医生、护士、厨师等的图片。

活动一 我和广场有个约会

活动形式 ○集体○区域○日常●亲子

重点领域 ●语言●社会○健康○艺术○科学

活动目标

1. 了解思源广场的主要景点及其名称。
2. 乐意与父母一起参与活动，增进亲子感情。
3. 喜欢思源广场，能根据自己的意愿选择喜欢的场地拍照留影。

活动准备

1. 亲子任务卡。
2. 摄影设备。

活动过程

1. 教师向家长和幼儿介绍活动的内容，并提出要求。

教师：小朋友们，你们以前来过思源广场吗？喜欢这里吗？现在和爸爸妈妈一起去参观思源广场，并选择自己喜欢的景点拍照留影。

2. 教师分发任务卡。

教师：今天老师给小朋友们带来了一张任务卡，请小朋友们和爸爸妈妈仔细阅读任务要求，并按要求完成。

3. 家长带领幼儿参观思源广场。

教师：你们知道思源广场有哪些景点吗？（图书馆、音乐喷泉、宝鼎……）

教师：请你们选择自己喜欢的景点和爸爸妈妈拍照留影。

4. 完成亲子任务卡。

附：

亲子任务卡

幼儿姓名：____________ 活动时间：____________ 活动地点：____________
我最喜欢的景点留影
景点说明：

备注：1. 家长给幼儿介绍各景点名称，并带领幼儿参观。

2. 家长和幼儿选择一个自己最喜欢的景点拍照留影。

活动二 我眼中的思源广场

活动形式 ●集体○区域○日常○亲子

重点领域 ●语言○社会○健康○艺术○科学

活动目标
1. 乐于分享自己喜爱的思源广场景点。
2. 萌发对思源广场的喜爱之情。

活动准备
1. 已完成的亲子任务卡。
2. 思源广场各景点图片。
3. PPT课件(任务卡展示)。

活动过程

1. 出示思源广场俯瞰图,引出主题。

教师:我们一起来看看这是哪儿。(思源广场)你在思源广场看到了哪些景点?(出示各景点图片)

2. 结合任务卡,说出自己喜欢的思源广场景点。

教师:这是谁的任务卡?你是和谁一起制作的?你选择的哪一处景点拍照,为什么?

3. 播放PPT,进行小结。

教师:小朋友们的任务卡都制作得很漂亮,我们一起来欣赏一下吧!

活动三 探秘宝鼎

活动形式 ●集体○区域○日常○亲子

重点领域 ●语言○社会○健康○艺术●科学

活动目标
1. 了解宝鼎的外部结构。
2. 萌发对小平爷爷的敬佩、爱戴之情。

活动准备 宝鼎及各组成部分的图片。

活动过程

1. 出示宝鼎图片，引出主题。

教师：你们认识它吗？在哪里见过？

2. 观察宝鼎图片，进一步了解宝鼎的外部结构。

教师：宝鼎像什么？我们一起来认识一下吧。这是宝鼎的耳朵，它的名字叫作“宝鼎双耳”。（依次介绍铭文、鼎足、托座）

教师小结：这个宝鼎有个好听的名字——“实事求是”宝鼎。

3. 教师介绍宝鼎名字的由来。

教师：你们知道为什么它要取名为“实事求是”宝鼎吗？

4. 小结。

它是为纪念小平爷爷而特意铸造的，表达了我们对小平爷爷深切的怀念和无比的爱戴之情。

活动四　宝鼎拼拼乐

活动形式　○集体●区域○日常○亲子

重点领域　○语言○社会○艺术○健康●科学

活动目标

1. 进一步了解宝鼎的基本结构。
2. 体验拼图活动带来的乐趣。

活动准备　宝鼎拼图若干。

活动过程

1. 通过游戏“什么不见了”，激发幼儿对拼图游戏的兴趣。（游戏做3~5遍）

教师：我们来玩一个“什么不见了”的游戏。先把眼睛闭上，老师数到5就把眼睛睁开。

教师：什么不见了？（老师取出其中一张拼图）把它拼上去好吗？（引导幼儿找出缺失的部分，然后进行拼图）

2. 幼儿自由拼图。

教师：刚才的游戏好玩吗？我们一起来拼一拼。

3. 幼儿展示拼图，并互相欣赏。

活动五 五彩的喷泉

活动形式 ○集体●区域○日常○亲子

重点领域 ○语言○社会○健康●艺术○科学

活动目标
1.用刮画的形式,表现喷泉的各种形态。
2.体验刮画活动带来的乐趣。

活动准备
1.喷泉图片。
2.刮画纸、竹笔。

活动过程

1.欣赏不同形态的喷泉图片,引起幼儿兴趣。

教师:这些喷泉好看吗?你们喜欢什么样的喷泉?

2.教师介绍刮画纸和刮画工具。

教师:今天老师带来了一张很神奇的画纸,我们一起来看看。

3.介绍刮画技巧。

(1)给幼儿示范正确的握笔姿势。

(2)教师示范在刮画纸上作画。

教师:请刮出你喜欢的喷泉。

4.幼儿自主创作,教师指导。

5.作品展示及欣赏。

活动六 我来排一排

活动形式 ●集体○区域○日常○亲子

重点领域 ○语言○社会○健康○艺术●科学

活动目标
1.观察喷泉图片,发现水柱高矮排列的特点与规律。
2.感受喷泉水柱的高低起伏带来的视觉冲击,喜欢音乐喷泉,原意进一步了解思源广场。

活动准备 喷泉图片、高矮不同的水柱图片。

活动过程

1.出示喷泉图片,引导幼儿观察发现水柱的排列规律。

(1)教师:小朋友们,看看图片上面是什么?

(2)教师:你们知道喷泉是怎么组成的吗?(是由一股一股的水柱组成的)

(3)教师:这些水柱有什么不一样?

(4)教师:它们是怎么排列的?

2.引导幼儿说出水柱排列的规律。

教师:这些水柱是按照一个高、一个矮、一个高、一个矮……的形式交替排列的。

3.出示高矮不同的水柱卡片,引导幼儿按照高矮的规律对水柱进行排列。

教师:这些水柱卡片有高有矮,请小朋友们来帮它们排排队。

4.结束部分:说一说生活中还有哪些物品可以按照高矮的规律来排列。

活动七 广场守护者

活动形式 ●集体○区域○日常○亲子

重点领域 ●语言●社会○健康○艺术○科学

活动目标
1.知道思源广场有环卫工人、警察、园艺师等工作人员。
2.尊重广场的工作人员,珍惜他们的劳动成果。

活动准备 环卫工人、警察、园艺师的图片及工作时的视频。

活动过程

1.出示环卫工人、警察、园艺师的图片,引出主题。

教师:你们在思源广场见过他们吗?他们是做什么工作的?

2.播放视频,了解环卫工人、警察、园艺师的工作内容。

教师:视频里的环卫工人、警察、园艺师做了一些什么事呢?他们给广场环境带来了什么变化?

3.引导幼儿珍惜广场工作人员的劳动成果。

教师：因为有了他们的守护，我们的思源广场才变得这么美丽。你们有什么话想对他们说呢？他们的工作很辛苦，我们可以做些什么呢？

活动八 环保小卫士

活动形式 ○集体○区域○日常●亲子

重点领域 ●语言●社会○健康○艺术○科学

活动目标

1. 懂得不乱扔垃圾，为保护环境做一些力所能及的事。
2. 热爱思源广场的一草一木，体验参与环保活动的乐趣。

活动准备 垃圾袋、夹子。

活动过程

1. 教师给幼儿和家长介绍本次活动的目的和内容。
2. 家长带领幼儿参与环保活动。
3. 家长和幼儿讨论怎样让我们的环境更优美。
4. 教师小结。

中 班

主题1 美丽的华蓥山

主题说明

华蓥山位于四川东部,褶皱山系之一,它的主峰高登山是四川盆地的最高峰。地壳运动使它从海底徐徐上升,形成了今天的地质地貌。

这里植被茂盛,有柏树、松树、郁郁葱葱的竹海,还有红豆杉、黄刺卫茅、桫椤、中华野生猕猴桃等国家珍稀保护植物;这里生态环境优良,野生动物繁多,有国宝大熊猫“云涛”“阳花”。峰奇、石怪、谷幽、林茂的华蓥山,春有花、夏有荫、秋有叶、冬有雪,趣味无穷。神奇幽深的溶洞,鬼斧神工的石林是人们探寻地质构造的活教材。

主题网络图

主题环境布置与活动参考

●集体活动“华蓥山的动物”“华蓥山的植物”“华蓥山的宝藏”“制作华蓥山名片”之后,可以把华蓥山上的动物卡片、一些常见植物和珍稀保护植物的标本以及相关图片展示出来,还可以把幼儿和父母一起收集的各种矿藏实物和保护华蓥山矿藏的相关图片展示出来,相互交流学习,也可以把幼儿制作的华蓥山名片展示出来。

区域规划

区域名称	区域布置与活动参考
角色活动区	华蓥特产小店:斗笠、各种竹工艺品、天麻、竹笋等。小小导游员:华蓥山石林景区游览路线图、景观图片、导游旗、扩音器等。
建构活动区	华蓥山景点图、华蓥山桥梁隧道图,各种大型积木、积塑,假山、石头、假树、动物模型等。
益智活动区	华蓥山寻宝图,让幼儿走迷宫找宝藏;华蓥山旅游棋;华蓥山动植物的标本或图片展示。

续表

区域名称	区域布置与活动参考
美工活动区	手工制作一些景点图;鹅卵石、颜料、画笔,让幼儿在石头上彩绘。 华蓥山蜡像馆:胶泥、超轻黏土、蜡像图片等。
语言活动区	民间故事《幺妹的故事》连环画。

活动一 华蓥山的动物

活动形式 ●集体○区域○日常○亲子

重点领域 ○语言○社会○健康○艺术●科学

活动目标
1. 认识华蓥山常见的动物。
2. 增强爱护动物、保护环境的意识。

活动准备 音乐《去郊游》,华蓥山常见动物的图片及小卡片若干。

活动过程

1. 播放音乐《去郊游》,激发幼儿活动兴趣。

教师:小朋友们,今天和老师一起去郊游吧!看,我们来到了什么地方?(华蓥山)

2. 出示图片,认识大熊猫。

教师:你们见过它吗?在什么地方见过?这两只大熊猫分别叫云涛和阳花。它们现在就住在美丽的华蓥山上。

3. 出示图片,认识华蓥鹞。

教师:天空中有什么?它看起来像什么?这只鸟叫华蓥鹞,是华蓥山上珍贵的野生动物。它比老鹰小,尾巴和腿很长,所以它飞行的速度很快。

4. 出示图片,认识赤狐。

教师:小朋友们见过它吗?它的尾巴看起来怎么样?它的脚上有什么?你们知道它的尾巴有什么作用吗?它的名字叫赤狐,也是华蓥山上的一种野生动物。

5. 教师和幼儿总结。

教师：在华蓥山上，有多种野生动物，它们是我们的朋友，我们要好好保护它们。

6. 游戏：送动物回家。

将动物卡片送回华蓥山主题墙上。

活动二　华蓥山的植物

活动形式　●集体○区域○日常○亲子

重点领域　○语言○社会○健康○艺术●科学

活动目标

1. 认识华蓥山特有的植物。
2. 增强爱护植物、保护环境的意识。
3. 感受大自然的美，萌发爱家乡的情感。

活动准备

1. 经验准备：游览过华蓥山并知道一些常见植物。
2. 华蓥山植物标本或图片，华蓥山景色图片，亲子制作的华蓥山植物卡片。

活动过程

1. 谈话导入，引出主题。

教师：小朋友们，你们知道这是什么植物吗？对了，这是水杉。你们知道华蓥山上还有哪些植物吗？

教师：今天老师带来了一些华蓥山植物的图片，我们一起来看一看吧！

2. 出示图片，认识红豆杉。

教师：小朋友仔细观察这棵树，说说它的树干、叶子和果实是什么样的。

教师：红豆杉生长速度缓慢，现在越来越少了，它是国家一级重点保护植物。

3. 出示图片，认识川柿。

教师：这是什么？你们见过它吗？在哪里见过的？

教师：川柿的嫩枝有小柔毛，果较大，近似球形，是华蓥山特有的野生植物。

4. 出示图片，认识华蓥润楠。

教师：小朋友，这棵树好看吗？它有个好听的名字叫华蓥润楠，它也是华蓥山特有的野生植物。

5.出示华蓥山景色图片,感受华蓥山的美。

6.教师和幼儿总结。

教师:华蓥山上有很多种野生植物,可是有些植物越来越少。小朋友们要爱护植物,保护我们的大自然。

7.展示交流亲子制作的华蓥山植物卡片。

将幼儿和家长制作的植物卡片贴在班级主题墙上,大家互相交流介绍。(出示植物图片时可提供相应植物标本,让幼儿更直观地进行观察)

活动三 华蓥山的宝藏

活动形式 ●集体○区域○日常○亲子

重点领域 ●语言●社会○健康○艺术○科学

活动目标

1.了解华蓥山上的矿产资源。

2.萌发热爱家乡的情感和保护环境的意识。

活动准备

1.华蓥山美景的图片。

2.煤炭、石灰岩的实物、图片及应用的视频。

3.水泥制作过程的PPT或视频。

活动过程

1.出示华蓥山美景的图片,引起幼儿兴趣。

教师:小朋友们,先来欣赏下图片吧。知道图上面是哪里吗?华蓥山不光景色美丽,山里还蕴藏着丰富的宝藏。

2.结合图片,认识煤炭和石灰岩。

(1)出示图片,引导幼儿认识煤炭和石灰岩的外部特征。

教师:这就是我们华蓥山上的宝藏——煤炭和石灰岩,先认识一下宝藏的“长相”吧。

(2)观看视频,认识煤炭和石灰岩的作用和价值。

教师:小朋友们可能不理解,这黑乎乎的煤炭和光秃秃的石头怎么会是宝藏呢?接下来我们就来了解一下他们的价值。

3.小结。

教师:煤炭可以做饭、取暖,还可以用于火车运行、炼钢铁、发电等很多方面。石灰岩是制作水泥最重要的原料,水泥可以建造高楼、修筑桥梁道路等。所以,华蓥山上的煤炭和石灰岩都是非常珍贵的宝藏。

4.教育幼儿保护和珍惜矿产资源,节约能源。

教师:煤炭和石灰岩是大自然经过亿万年的变迁才形成的,非常有限,我们用一点儿就少一点儿,所以我们一定要合理地开采和利用它们,珍惜这些资源。

活动延伸

让幼儿了解用其他材料来代替煤和水泥应用的案例。

(1)天然气代替煤生火做饭。

(2)水力发电代替火力发电。

……

(出示矿产图片时可提供相应矿产实物,让幼儿更直观地进行观察。)

活动四　保护华蓥山

活动形式　●集体○区域○日常○亲子

重点领域　●语言●社会○健康○艺术○科学

活动目标

1.能大胆讲出环保的观点。

2.增强环保意识,萌发爱家乡的情感。

活动准备

1.不文明行为的图片若干。(在石头或树木上乱刻乱画、随意砍伐树木等)

2.保护山林资源的行为图若干。(植树、垃圾放进垃圾桶、禁止带火种进山的标志、放生野生动物等)

活动过程

1.情景设置,导入活动。

教师:今天老师带小朋友们去一个特别的地方——“华蓥山风景区环保旅游法庭”,那里的法官正在审理一些环保案件,让我们也来当一回小法官,对的点赞,错的找原因,说一说应该怎样做才正确。

2. 判断对错。

(1)出示不文明行为的图片请幼儿观察,小组讨论,说出图片上的内容和自己的看法。

(2)集体讨论,交流。

3. 小结。

教师:小朋友们说得真好,图片上人们的行为特别不文明、不环保,会对我们华蓥山上的植物、动物和自然景观等造成破坏,他们的这种做法是不对的。

4. 集体讨论。

人与自然要和谐共处,我们才能拥有美丽的家园和美好的生活。所以我们要保护好这些自然资源,保护我们的华蓥山,那我们应该怎么做呢?

5. 结合图片,总结如何保护华蓥山。

6. 情感升华,传递环保知识。

教师:请大家把今天学到的知识传递给身边的人,倡导大家都来保护我们美丽的华蓥山。

活动五 制作华蓥山名片

活动形式 ●集体○区域○日常○亲子

重点领域 ○语言●社会○健康●艺术○科学

活动目标

1. 认识名片,知道名片的宣传作用。
2. 尝试合作设计华蓥山名片。
3. 热爱华蓥山、宣传华蓥山。

活动准备

1. 和父母一起搜集各种名片。
2. 亲子收集的华蓥山的风景图,华蓥山特有的动物、植物、矿藏、滑竿抬幺妹等图片。
3. 蜡笔、水彩笔、图画纸、胶棒、剪刀、手工纸、颜料等。

活动过程

1. 欣赏各种名片,说说名片的种类、作用和组成部分。

教师:你见过哪些名片?说来听听。名片可以用来干什么?名片上都有哪些组成部分呢?你最喜欢哪一种名片,为什么?

2.讨论华蓥山名片的制作方法，各小组推选一名代表进行交流。

教师：我们可以选择一些华蓥山的美景图，或者是特有物产、民俗风情等图片设计到名片上，用它们来代表美丽的华蓥山，向外界宣传我们的华蓥山。

3.幼儿小组合作制作华蓥山名片，教师巡回指导。

4.交流展示。

教师：请各小组的代表给大家讲讲你们的创意名片。

5.向“游客”（家长扮演）赠送制作的华蓥山名片，向他们宣传家乡美丽的华蓥山。

主题2 近寻天意谷

主题说明

从古至今，人们都挚恋山水的美，用诗词、音乐、绘画描写山水、寄情于山水，所谓“智者乐水，仁者乐山”，山水也体现了一种崇高的精神境界、理想追求。自然教育不仅要培养幼儿的观察能力，增加他们的自然知识与经验，感受大自然的奥妙与完美，也要让他们学会欣赏自然、尊重自然、保护自然，激发他们对生活的热情、丰富他们无限的想象力。

邻水天意谷，位于四川省广安市邻水县甘坝乡，华蓥山主峰高登山南侧，原名华蓥山大峡谷，是国家4A级风景区，聚华蓥山千峰万流之水于一流，与喀斯特地貌的断流层相遇后形成特有的地质景观。整个峡谷集飞瀑、悬崖、茂林、峭壁、溶洞、天河等多处美景于一体，美如一幅幅写意的山水画，可供幼儿探索的自然资源丰富无比，是赠予幼儿的一本活教材。

本主题主要通过带领幼儿走进天意谷，观察、欣赏谷中之美景，倾听虫鸣鸟叫，近闻草木花香，让幼儿对天意谷有更深的了解，提高他们探索自然的兴趣，培养科学探索的精神。同时，也结合古人表现山与水的文学、音乐、美术等艺术作品，提高幼儿对艺术的感受、表现和创造能力，培养他们热爱家乡、热爱祖国的情怀。

主题网络图

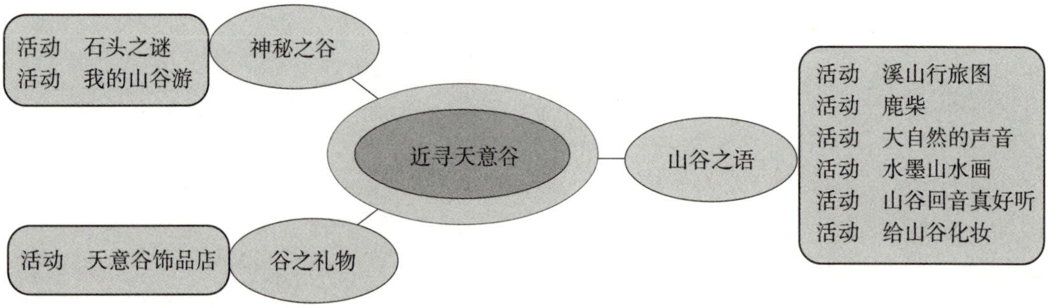

主题环境布置与活动参考

●集体活动“石头之谜”中使用的“巴王玺”图片，在活动后继续将其展示在教室的墙面上，让幼儿欣赏大自然的鬼斧神工，把教室布置成山水教室。

●集体活动“溪山行旅图”之后，把这幅雄壮的、静中有动、动中有静的水墨山水图悬挂在教室，让幼儿继续感受画面的有趣生动，欣赏和学习怎样用水墨画表现山水的大气与灵动。将幼儿在集体活动“水墨山水画”中创作的、表现天意谷山水或在天意谷山水中游戏的作品展示出来，让幼儿互相说说自己心中最美的天意谷山水，最好玩的山水游戏。

区域规划

区域名称	区域布置与活动参考
角色活动区	石头小饰品、树叶小饰品、瀑布小饰品、收银台、游戏币等。 天意谷游览线、重点风景图、导游旗等。
美工活动区	树叶、花、果实、剪刀、双面胶、油画棒、记号笔、白纸等。 石头、小号毛笔、胶棒、鞋盒盖子、扭扭棒等。
语言活动区	天意谷景区旅游图。 天意谷瀑布群相片图册。 天意谷溶洞相片图册。 幼儿手绘的经典旅游路线。 幼儿仿编《给山谷化妆》儿歌图文集。

活动一　石头之谜

活动形式　●集体○区域○日常○亲子

重点领域　●语言○社会○健康○艺术●科学

活动目标

1.感知石头的特征，尝试用语言进行描述。

2.初步了解石头的用途。

3.欣赏天意谷巴王玺，感受大自然的神奇。

活动准备　天意谷巴王玺的图片，老师和幼儿共同收集的大小不同的石头。

活动过程

1.图片欣赏天意谷巴王玺。

教师：天意谷除了瀑布很美丽，石头也特别有趣，大家一起看看这块巨大的岩石，它的造型看起来像什么？

教师：这块岩石像一枚巨大的印章，被叫作巴王玺，传说只有力大无比的巴王才能使用，所以叫巴王玺。

2. 观察、触摸、比较自己收集的石头。

教师：天意谷除了巨大的有趣的岩石，还有一些小石头也非常好玩，请你说说你在哪里发现的石头，你的石头是什么样子的，你们找到的石头一样吗，摸上去、看上去有什么不同的地方。

3. 讨论石头的用途。

教师：天意谷的石头可以做什么呢？

活动延伸

我的石头装扮计划。

教师：你打算怎样使用这些有趣的石头？带上你的石头，和好朋友一起装扮吧！

活动二 我的山谷游

活动形式 ●集体○区域○日常○亲子

重点领域 ●语言○社会○健康○艺术●科学

活动目标

1. 按照"我的寻谷计划"准备出行物品，懂得安全出行的重要性。
2. 亲子欣赏与感受天意谷的美丽，收集美。
3. 萌发喜欢天意谷，热爱大自然的情感。

活动准备 我的寻谷计划，太阳帽，太阳镜，手电筒，放大镜，环保口袋，捕虫网，饲养盒，录音笔，食物、水，常备药品等。

活动过程

1. 谈话导入，回顾"我的寻谷计划"

教师：小朋友们，美丽的天意谷在等着我们，为了更好地游览天意谷，完成收集任务，在出发之前，我们已经做了寻谷计划，我们一起来回顾一下。

2. 重点讨论出行安全。

教师：在游览中，什么最重要？

安全讨论：安全最重要，要保护好自己，不离开人群，不离开同伴，不去深水区，走大道，遇到困难要寻求帮助。

3. 亲子出游。

(1)观察瀑布和钟乳石。

(2)采集标本做天意谷的自然笔记。

(3)摄影大自然的天意谷。

(4)录音天意谷各种各样的声音。

4. 分享“我的山谷游”的收获

活动延伸

在亲子活动“我的山谷游”后，将幼儿游览中发现的天意谷各具特色的相片展示出来，布置一个“天意谷寻美之旅”摄影展，让幼儿更全面地欣赏天意谷的美。

活动三　天意谷饰品店

活动形式 ○集体●区域○日常○亲子

重点领域 ●语言○社会○健康●艺术○科学

活动目标

1. 利用在天意谷收集的物品玩开店游戏，发展主题经验与角色游戏经验。
2. 在角色游戏中继续感受天意谷的美。

活动准备 石头小饰品，树叶小饰品，瀑布小饰品，收银台，游戏币等。

活动过程

1. 讨论天意谷饰品店有哪些商品。

石头小饰品，树叶小饰品，瀑布小饰品等。

2. 讨论游戏规则。

分配角色：谁来买，谁来卖，怎样使用和兑换游戏币。

活动四　溪山行旅图

活动形式 ●集体○区域○日常○亲子

重点领域 ●语言○社会○健康●艺术○科学

活动目标 1. 观察水墨山水画《溪山行旅图》，讲述画面内容。
2. 欣赏并感知不同画面内容的表现方法和风格。

活动准备 《溪山行旅图》的完整图与片段图。

活动过程

1. 谈话导入，仔细观察画面内容。

教师：今天老师请小朋友们欣赏一幅古代人画的画，看看这幅画画的是什么。

教师：这幅作品是北宋著名的山水画家范宽的《溪山行旅图》。画里哪些内容看起来很安静？哪些内容让我们感觉在动？

教师：画家是用什么材料来画的？山和岩石的线条有哪些不一样？

2. 继续引导幼儿欣赏作品片段，说说画面中有趣的是什么。

3. 说说对这幅作品的感受。

教师：喜欢这幅《溪山行旅图》吗，为什么？

活动五 鹿柴

活动形式 ●集体○区域○日常○亲子

重点领域 ●语言○社会○健康●艺术○科学

活动目标 1. 观察画面，理解古诗内容，体会诗人的思想感情。
2. 根据诗句展开想象，画一画山水画。

活动准备 古诗图片，三段古典音乐。

活动过程

1. 老师朗诵古诗《鹿柴》，幼儿聆听，初步感知古诗内容。

教师：今天老师带来一首唐代大诗人王维的作品《鹿柴》，里面有些有趣的地方，请小朋友们一起听一听。山是什么样的山？是没有人的，还是有许多人在山里的？你有没有在山谷里说过话？在山谷里说话，是什么样的感觉？王维发现什么照射在青苔上？

2. 教师再次朗诵古诗《鹿柴》，出示古诗图片，印证幼儿刚才的发现，接着发现青苔上的秘密。

教师：是什么时候的阳光？是早上，还是下午？

3. 为古诗选择相配的音乐。

教师：这里有三段音乐，请小朋友们和老师一起跟随音乐朗诵古诗，为古诗选择一段最适合的音乐。

4. 画山水画。

教师：王维的作品特点是诗里面藏着画，请小朋友按照你心中所想的，画出你心中的山水画《鹿柴》。

5. 和幼儿布置作品展。

活动六 大自然的声音

活动形式 ●集体○区域○日常○亲子

重点领域 ○语言○社会○健康●艺术○科学

活动目标

1. 倾听并感受大自然的声音。
2. 尝试用舞蹈动作表现美丽的大自然。

活动准备 在天意谷收录的声音，音乐《大自然的声音》。

活动过程

1. 播放幼儿游天意谷收集的声音，让他们辨别声音的来源。

教师：这是什么发出的声音？

2. 让幼儿根据声音设计动作，表现发出的声音或发出声音的物体。

3. 听音乐《大自然的声音》。

教师：你们在这首音乐里听到了什么？

4. 分角色表演。

请幼儿跟着音乐按顺序出场表现大自然的声音，用舞蹈动作呈现出灵动而美丽的大自然的场景。

活动七 水墨山水画

活动形式 ●集体○区域○日常○亲子

重点领域 ●语言○社会○健康●艺术○科学

活动目标
1. 欣赏水墨山水画，初步了解水墨画的绘画方式。
2. 尝试用毛笔表现天意谷山水的特点。

活动准备
1. 水墨山水画。
2. 幼儿拍摄的天意谷山水照片。
3. 毛笔、墨汁、中国画颜料、调色盘、洗笔筒、宣纸、抹布等。

活动过程

1. 问题导入。

教师：天意谷的险、奇、幽，最有名的是什么？

2. 分享幼儿的天意谷山水图片，引导幼儿思考画面的布局。

教师：你的相片里面有什么？山看起来怎样？瀑布看起来怎样？

3. 幼儿绘画。

用毛笔画出黑白的山水，再用彩色颜料进行点缀。绘画过程中，提醒幼儿正确的握笔和用墨方式，画完后在正确的位置画上代表自己的图案或学号或名字。

4. 分享幼儿作品，布置班级作品展。

活动八 山谷回音真好听

活动形式 ●集体○区域○日常○亲子

重点领域 ○语言○社会○健康●艺术○科学

活动目标
1. 感受歌曲《山谷回音真好听》的优美旋律。
2. 尝试仿编歌曲。

活动准备 音乐《山谷回音真好听》。

活动过程

1.请幼儿叙述游览天意谷时，对着山谷大声叫喊时产生的回音现象。

教师：你们在游览天意谷时，对着山谷叫喊，会出现什么样的声音？ 请用语言表现出山谷回音。

2.欣赏歌曲《山谷回音真好听》。

教师：在这首歌曲里听到了什么样的回音？

请幼儿模仿音乐里的山谷回音。

3.仿编歌曲《山谷里的回音》。

请幼儿用自己的语言、旋律，创编出动听的山谷回音。

4.分组轮唱仿编的歌曲。

活动九　给山谷化妆

活动形式　●集体○区域○日常○亲子

重点领域　●语言○社会○健康○艺术○科学

活动目标

1.理解儿歌内容和意境。

2.在熟悉念诵儿歌后尝试仿编和绘画，表现儿歌。

3.萌发喜爱天意谷，热爱大自然的情感。

活动准备　儿歌《给山谷化妆》，白纸，记号笔。

活动过程

1.教师朗诵儿歌《给山谷化妆》，幼儿仔细倾听，初步熟悉儿歌内容，感受儿歌的有趣和意境美。

教师：儿歌里的小朋友想要给天意谷做什么？

教师：给天意谷化妆，需要向妈妈借什么工具？

教师：小朋友要给天意谷化妆，为什么借的是化妆盒？

教师：小朋友为什么要给天意谷化妆？

2.游戏：给山谷化妆。

教师:谁来扮演山谷的瀑布、溶洞、石头、小草等,谁来扮演化妆师?

3.仿编儿歌。

教师:除了给山谷化妆,还可以做什么?

教师:除了借妈妈的化妆盒给山谷化妆,还可以向妈妈借什么东西来打扮天意谷?

教师:妈妈,你的纱巾可以借给我用一下吗?让我给山谷绑个蝴蝶结……

4.绘画儿歌,分享讲述儿歌内容。

附:

给山谷化妆

佚名

妈妈,
你的化妆盒,
可以借给我用一下吗?
让我给山谷,
也化化妆。

主题3 蚕，你好

主题说明

广安市种桑养蚕历史悠久，有较丰富的蚕桑资源与经验。“蚕，你好”主题活动旨在让幼儿初步感受蚕桑乡土文化，了解蚕的生命过程，激发幼儿的探究兴趣，萌发尊重生命的情感。“蚕，你好”主题分为三部分：“蚕与桑”“蚕的一生”“蚕与丝”。

主题学习中，建议适时开展班级养蚕活动或亲子养蚕活动，让幼儿亲身参与养蚕，在照料蚕的过程中去观察、感知、记录、对比、分析、探索。我们相信，养蚕活动会让充满好奇心的幼儿充分体验蚕带来的惊喜和趣味，在心中留下美好的痕迹。

主题网络图

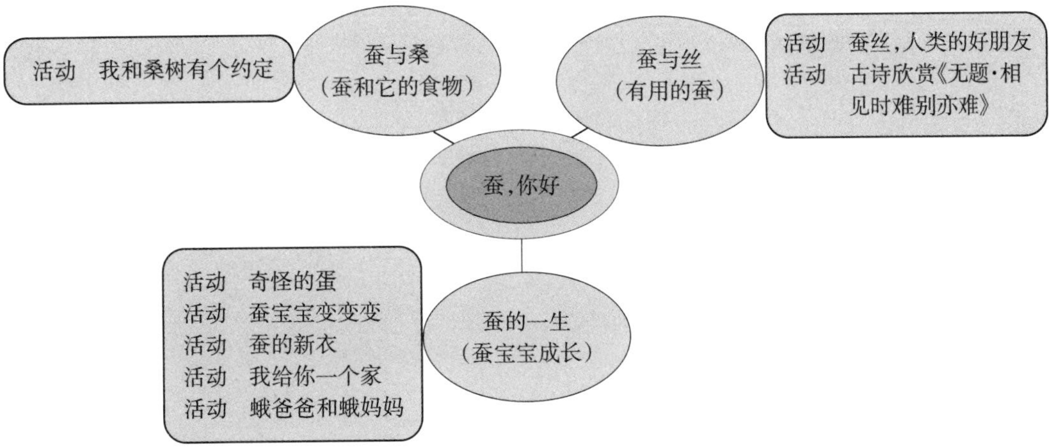

主题环境布置与活动参考

●创设蚕饲养区，成立采桑、养蚕自愿小组，在区域展示蚕的图鉴、相关图书等。

●集体活动“蚕的新衣”中教师提供多组图片供幼儿了解蚕蜕皮的过程，图片展示在主题墙上。

●集体活动“蚕丝，人类的好朋友”后，图示从蚕丝到丝制品的加工过程。

区域规划

区域名称	区域布置与活动参考
角色活动区	蚕、蛹、蛾的头饰;代表蚕茧的道具;CD《蚕宝宝》。请幼儿在CD帮助下表演蚕不同时期的形态及动作。
建构活动区	在建构区提供各种串珠类型的积木,拼搭各种形态的蚕。
益智活动区	益智活动区,幼儿自发采集桑叶,喂养蚕,清理蚕沙(作为肥料)。
美工活动区	美工区提供纸、笔、彩泥、牙签等,供孩子们画蚕、做彩泥蚕等。
语言活动区	语言区投放关于蚕的图画书,尤其是关于蜕皮、结茧、化蝶的书等。

活动一 我和桑树有个约定

活动形式 ●集体○区域○日常○亲子

重点领域 ○语言●社会○健康○艺术●科学

活动目标
1. 认识桑树,了解桑树的基本组成部分。
2. 知道桑叶是蚕的天然食料,了解桑树各部分的作用。

活动准备
1. 桑树、桑叶、桑葚的图片。
2. 联系参观桑树园。

活动过程

1. 参观桑树园,看一看、闻一闻、摸一摸桑树,摘一摘桑叶或桑葚,说一说桑树的组成部分及特点。

你看到的桑树是什么样子的?桑树与其他树有什么不一样?桑树的树干与树皮的颜色是什么样的?纹路有什么特点?

桑叶是什么形状?有什么特点?

桑树的果实叫什么?你吃过吗?

2. 回园后分享参观桑树园时拍摄的照片,了解桑树各部分的作用,知道桑树全身都是宝。

桑叶是谁的食物?什么样的桑叶才是蚕的健康食物?

桑叶还可以用来做什么？(泡茶喝)

桑树皮、桑树根有什么作用？(中药)

吃过桑葚吗？吃了桑葚对我们身体有什么好处？

活动延伸

可将照片冲洗出来，张贴在海报上送入幼儿园做“我和桑树有个约定”的展览。同时，可以和幼儿一起在幼儿园种桑树，开展养蚕活动或在家进行亲子养蚕活动。

活动二 奇怪的蛋

活动形式 ●集体○区域○日常○亲子

重点领域 ●语言○社会○健康○艺术●科学

活动目标

1. 了解蚕卵随着颜色变化而逐渐发育成熟直至孵蚕的过程。
2. 知道蚕是卵生昆虫，初步感知卵与蚕的生命关系。

活动准备

1. 不同颜色的蚕卵图片及各种动物的卵(鸡蛋、鸽子蛋、鹅蛋)。
2. 小鸡孵化及出壳的视频，蚕破卵而出的图片或视频。

活动过程

1. 幼儿观察对比不同动物的卵，并说一说它们分别是谁产的卵。

教师：这些分别都是谁产的卵？为什么有的大、有的小？

教师：你知道哪些是蚕卵吗？蚕卵和这些常见动物的卵有什么区别？(形状、大小、颜色不同)

2. 观看并对比母鸡孵蛋的视频和小鸡破壳而出的视频，初步感知卵生动物的生命形态变化的过程。

教师：小鸡是怎么来的？(鸡蛋里孵出小鸡，小鸡长大后生鸡蛋。)

教师：蚕是怎么从卵里出来的？蚕和小鸡的出生方式一样吗，为什么？

3. 观察不同颜色的蚕卵，讨论蚕卵颜色变化与其发育、成熟、孵化的联系。卵的颜色逐渐变深，接近灰绿色或紫色时，蚕宝宝就要出来了。

教师：蚕卵为什么慢慢地变紫？

教师：蚕卵变成什么颜色表示快要孵出小蚕了？冬天蚕卵会孵出小蚕吗，为什么？

4. 结合生活实际讨论。

蚕卵孵出小蚕后，我们可以做些什么？激发幼儿养蚕兴趣。教师可以和幼儿一起收集或购买蚕卵，开始养蚕。

活动三 蚕宝宝变变变

活动形式 ○集体●区域○日常○亲子

重点领域 ○语言○社会○健康●艺术○科学

活动目标
1. 观察各种形态的蚕，并进一步了解蚕的外形特点。
2. 通过搓、捏、压等方式用彩泥制作。

活动准备 蚕的各种形态的图片、彩泥。

活动过程

1. 观察各种形态的蚕。

教师：这些蚕分别在做什么？你见过吗？蚕是什么颜色的？你能用什么材料做成蚕吗？

2. 观察桑叶。

教师：绿色的桑叶，你可以用什么来做呢？

3. 播放音乐，幼儿用喜欢的材料制作蚕与桑叶。

4. 幼儿相互分享交流并展示作品。

活动四 蚕的新衣

活动形式 ●集体○区域○日常○亲子

重点领域 ○语言○社会○健康○艺术●科学

活动目标
1. 了解幼蚕生长要经历休眠期的特点。
2. 观察蚕的蜕皮现象。

活动准备 蚕休眠时的照片或视频、蚕蜕皮时的视频、音乐。

活动过程

1. 观察蚕休眠时候的照片或视频。

教师：这只蚕怎么了？不吃也不动，它死了吗？与其他吃桑叶的蚕比较，它的身体有什么不同？

2. 播放蚕蜕皮的视频，讨论蚕蜕皮的作用。

教师：蚕在做什么？蚕蜕皮的时候是什么样子的？蚕为什么会蜕皮？你知道蚕蜕有什么作用吗？

3. 播放音乐。

幼儿用喜欢的动作模仿蚕蜕皮，幼儿自由表现蚕扭动身体、挣扎、缓慢蜕皮的过程。

4. 如果班里养了蚕，可让孩子观察记录蚕的休眠状态，休眠多久后才开始蜕皮，用放大镜观察蚕蜕皮的过程，并收集蚕蜕。

活动五　我给你一个家

活动形式 ○集体●区域○日常●亲子

重点领域 ○语言○社会○健康●艺术○科学

活动目标

1. 发挥想象，能用各种废旧物品做“蚕结茧”的家。
2. 在剪、粘、贴、画等过程中锻炼小手肌肉及动手能力。
3. 萌发爱护小动物的情感。

活动准备 各种废旧的盒子、纸片、各种线、树枝、双面胶等。

活动过程

1. 了解蚕的“家”的特点。

教师：小动物们都有家吗？那蚕的家应该在哪里呢？你们知道蚕的家是什么样子的吗？你看见过吗？你们能为蚕设计一个舒适、漂亮的家吗？

2. 讨论蚕的“家”的特点。

3. 为蚕制作“家”。

4. 美工区展示。

活动六 蛾爸爸和蛾妈妈

活动形式 ●集体○区域○日常○亲子

重点领域 ○语言○社会○健康●艺术●科学

活动目标
1. 认识蚕蛾，初步感知雌、雄蚕蛾的特点。
2. 体验用不同的方式与材料创作蚕蛾的乐趣。

活动准备
1. 雌、雄蚕蛾外形图各一张，雌、雄蚕蛾若干，放大镜。
2. 剪刀、蜡笔、固体胶、双面胶、瓦楞纸、彩泥、牙签、塑封纸等各种材料。

活动过程

1. 将所有制作材料放置于操作区域。

2. 幼儿用放大镜观察蚕蛾，说说蚕蛾的特点，找出不同蚕蛾的外形区别。

教师：蚕蛾是什么样的？为什么有的蚕蛾拍打翅膀跑来跑去，有的蚕蛾却一动不动？为什么有的蚕蛾两只紧紧连在一起？它们分别是谁，在干什么？它们的身体有什么不同？谁是蛾爸爸？谁是蛾妈妈？

3. 出示蛾爸爸与蛾妈妈的图片，区别认识雌、雄蚕蛾。

教师：蛾爸爸和蛾妈妈有什么地方不一样呢？（雌蚕蛾体较大、爬行慢；雄蚕蛾体型瘦，动作敏捷，触角有较长的羽状小支。）

4. 幼儿自由选择操作区域的材料，按自己意愿画或制作蚕蛾。

5. 小组分享。

幼儿为同伴介绍自己的作品，将自己的作品放置于美工区展示。

活动七 蚕丝，人类的好朋友

活动形式 ●集体○区域○日常○亲子

重点领域 ○语言●社会○健康○艺术●科学

活动目标
1.初步了解蚕丝与丝绸的关系。
2.了解煮蚕茧抽丝的过程。

活动准备
1.煮蚕茧抽丝的视频,蚕茧、丝织品图片。
2.蚕丝围巾、蚕丝衣服等。

活动过程

1.自由讨论蚕丝的用途。

教师:你们知道蚕丝可以用来做什么吗?

2.观看煮蚕茧抽丝的视频,了解煮蚕茧抽丝的步骤并分享。

教师:视频里的爷爷在做什么?蚕茧是怎么变成蚕丝的呢?煮蚕茧抽丝用到哪些工具?先做什么后做什么?

3.欣赏蚕丝制品,如丝巾等。

让幼儿摸一摸、捏一捏,感受丝织品与其他布料的不同特点,谈谈生活中还有哪些丝制品。

教师:家里的哪些物品是蚕丝做的?你们还知道哪些物品是蚕丝做的吗?

活动八 古诗欣赏《无题·相见时难别亦难》

活动形式 ●集体○区域○日常○亲子

重点领域 ●语言●社会○健康○艺术○科学

活动目标
1.感受古诗的韵律美、意境美。
2.感知蚕的无私奉献精神,感恩蚕及我们所拥有的一切美好事物。

活动准备
1.蚕各个阶段(卵—幼虫—蛹—成虫蛾—蛾产卵—蛾死亡)的图片。
2.记录纸,记号笔。

活动过程

1.出示图片。

师幼共同回顾蚕的成长变化和生命历程。(回顾蚕吐丝后身体的变化、破茧时身体的变化、产卵后死亡等现象。)

教师:蚕的一生要经历哪几个阶段?它们的形态各有什么变化?在什么时候死亡的?

2.欣赏古诗2遍。

教师:这首诗里你听到关于蚕的那一句是什么?

3.教师重复吟诵“春蚕到死丝方尽,蜡炬成灰泪始干”。师幼一起感知千古名句背后的意境美与伤感情绪。

教师:你们听了以后有什么样的感受,为什么?

4.引导幼儿感恩蚕,感恩身边美好的人或事,并记录下来。

师:小小的蚕吐的丝可以制作柔软的真丝衣服等各种丝制品,它奉献了自己的生命,为我们人类做出了贡献,你有什么话想对蚕说吗?

教师:想一想,帮助过你的人有谁?帮你做了什么事?

教师:你们还想到了哪些美好的人?他们做过哪些美好的事情?我们应该怎样对待他们呢?

附:

无题·相见时难别亦难

〔唐〕李商隐

相见时难别亦难,东风无力百花残。
春蚕到死丝方尽,蜡炬成灰泪始干。
晓镜但愁云鬓改,夜吟应觉月光寒。
蓬山此去无多路,青鸟殷勤为探看。

主题4 美丽的小平故里

主题说明

广安人文荟萃，英才辈出，养育了世纪伟人邓小平。邓小平故里，位于广安市区北郊协兴镇牌坊村，是国家5A级旅游景区、全国重点文物保护单位、全国红色旅游经典景区、全国爱国主义教育示范基地和革命传统教育基地、国家一级园林。

小平故里地处广安，交通便利，具有浓郁的地方特色。因此，我们想要通过幼儿熟悉的生活环境，充分挖掘本土资源所蕴含的独特价值，将其渗透到幼儿教育活动中。希望幼儿在“美丽的小平故里”主题里，通过丰富有趣的活动了解小平故里的建筑、植物、人，萌发爱家乡的情感和对伟人的崇敬之情。

主题网络图

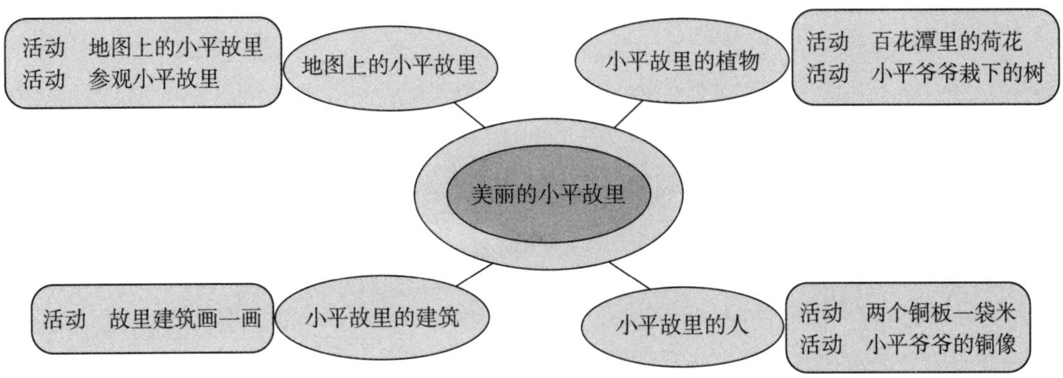

主题环境布置与活动参考

●集体活动“地图上的小平故里”中观察、使用到的广安地图和景区路线图，可以打印张贴出来，让幼儿在其他时间继续观察、发现、讨论和分享。

●集体活动“参观小平故里”中幼儿的主题绘画作品可以展示出来，并以图加文的形式将幼儿的想法张贴出来。把幼儿参观小平故里的照片作为一个小版块张贴布置出来，幼儿之间可以继续进行交流分享，回顾活动。

●集体活动“故里建筑画一画”中使用到的建筑图片和幼儿的参观照片展示出来，可以帮助幼儿进一步熟悉故里的建筑，讨论建筑的方位及特点。

●集体活动“小平爷爷的铜像”中幼儿制作的泥塑作品，可以拍成照片进行展示，同时可以结合幼儿的生活经验进行拓展，张贴少量外出旅游时看到的其他塑像作品。

区域规划

区域名称	区域布置与活动参考
角色活动区	集体活动“小平爷爷的铜像”进行之后，在本区域投放扮演故里景区人员的工作牌、服饰等，供幼儿进行角色游戏“我是小小解说员”。
建构活动区	集体活动“故里建筑画一画”开展后，可提供木质玩具、树枝、纸质花等活动材料，使幼儿开展“小平故里”户外建构活动。
益智活动区	将广安地图和故里景区参观图做成拼图。 将广安地图和故里景区参观图做成棋类玩具。
美工活动区	景区荷花、竹的照片，同题材的水墨画作品，水墨画材料。 橡皮泥及工具。 剪刀、各种材质和颜色的纸。
语言活动区	耳麦、图片。 广安地图、景区参观图。 故事《两个铜板一袋米》的故事图片。 邓小平故事：《过雪山草地》(中国少年儿童出版社)，《邓小平与广安》(上海人民美术出版社)。

活动一 地图上的小平故里

活动形式 ●集体○区域○日常○亲子

重点领域 ○语言○社会○健康○艺术●科学

活动目标

1. 认识广安地图的轮廓，学习看地图的方法，寻找小平故里在广安地图上的位置。
2. 激发幼儿了解家乡，热爱家乡的情感。

活动准备

1. 小平故里图片。
2. 广安地图 PPT。
3. 幼儿用书。

活动过程

1.出示地图，了解地图上小平故里的位置。

(1)教师：老师带来一张广安市地图，我们一起来看看广安地图上有哪些地方。

(2)师幼一起看地图，了解地图的组成部分(广安区、前锋区、华蓥市、岳池县、武胜县、邻水县)。

(3)教师：小平故里在哪个区呢？(广安区)你们能在地图上找到小平故里在哪里吗？

2.幼儿在幼儿用书中的地图上找到小平故里。

(1)教师：小朋友现在翻开幼儿用书，一起来找一找小平故里，用笔把找到的小平故里标记出来。

(2)教师：你是怎样找到的？下面请小朋友来说一说，你是通过什么方法找到的？

3.幼儿交流讨论从幼儿园到小平故里的路线图，并在幼儿用书上标注。

活动二　参观小平故里

活动形式　●集体○区域○日常○亲子

重点领域　○语言●社会○健康○艺术○科学

活动目标

1.初步了解小平故里各个景点，认真倾听工作人员的讲解。

2.萌发幼儿热爱家乡的情感。

活动准备

1.制订活动方案，对幼儿进行安全教育。

2.活动前联系好小平故里工作人员。

3.学习记录单、景区地图人手一份。

活动过程

1.带领幼儿在小平故里景区大门口集合，讲清活动要求和安全注意事项。

2.在工作人员的引领下进入景区参观，提醒幼儿仔细倾听讲解员对各个景点的介绍。

3.在陈列馆外的空地上，分享参观中印象最深的景点。

4.师幼进行活动回顾，请幼儿根据景区地图，完成自己的学习记录单。

5.景区大门口合影留念，安全结束参观活动。

附：

"参观小平故里"学习记录单

时 间		姓 名	
我的参观路线图			
我最喜欢的景点			

活动三 故里建筑画一画

活动形式 ●集体○区域○日常○亲子

重点领域 ○语言○社会○健康●艺术○科学

活动目标 1.了解小平故里建筑的特点。

2.学会用自己的绘画表现小平故里的建筑，表达对邓爷爷的怀念之情。

活动准备 小平故里建筑的课件。

活动过程

1.谈话导入。

教师：我们去小平故里参观的时候，都看到了哪些建筑？

2.播放课件。

师幼一起观看小平故里的建筑图片，引导幼儿说出是小平故里哪个地方的建筑。

3.重点了解小平故居、陈列馆和纪念馆三个景点的建筑，教师对这三个地方的建筑做简单介绍（作用、建筑特点）。

4.请幼儿自由选择自己喜欢的建筑，和同伴之间进行欣赏和交流。

5.鼓励幼儿选择其中一个建筑进行绘画，教师适当指导。

教师：从屋顶处开始下笔；线条要流畅，尽可能用长线画。

6.师幼欣赏点评"小平故里建筑"主题绘画作品。

活动四　百花潭里的荷花

活动形式　●集体○区域○日常○亲子

重点领域　○语言○社会○健康●艺术○科学

活动目标

1.运用简单的水墨画技法画荷花。

2.欣赏荷花的自然之美，培养初步的审美情趣。

活动准备

1.小平故里百花潭的图片。

2.荷花水墨画。

3.墨汁、颜料、调色盘、宣纸、毛笔。

活动过程

1.教师出示小平故居旁的百花潭图片。

(1)教师：这是小平爷爷家旁边的百花潭，在这图中，你看到了什么？

(2)引导幼儿了解百花潭中荷花的组成以及荷叶的形状。

教师：荷花花朵是由一瓣瓣的花瓣组成的，颜色有粉色、白色等，花茎连着绿色的荷叶。

2.引导幼儿探索水墨画的画法。

(1)欣赏荷花水墨画，感受水墨画作品的美。

(2)教师展示水墨画绘画工具，向幼儿介绍浓墨、淡墨和淡彩。

(3)教师引导幼儿淡墨画荷叶和茎，浓墨画叶脉和茎上的刺，淡彩画荷花。

3.幼儿尝试创作，教师巡回指导。

4.将幼儿的作品展示出来，师幼共同欣赏并交流。

活动五　小平爷爷栽下的树

活动形式　●集体○区域○日常○亲子

重点领域　○语言○社会○健康●艺术○科学

活动目标

1. 熟悉歌曲内容,感受优美的旋律。
2. 乐于用肢体动作表现情感。
3. 通过活动加深对小平爷爷的敬爱之情。

活动准备

1. 歌曲《小平爷爷栽下的树》。
2. 小平爷爷栽树的图片。

活动过程

1. 倾听歌曲,初步感知旋律。

教师:小朋友们,这首歌曲中的人物,你知道是谁吗?

2. 教师出示图片,引导幼儿了解图片上的活动场景。

教师:这张图片上你看到了什么?(小平爷爷在栽树)

教师:这是小平爷爷在1985年3月12日植树节亲手栽种一棵小柏树时的照片。现在那棵小柏树已经长大,它就像小平爷爷一样,还与我们在一起。我们都非常敬爱小平爷爷。

3. 熟悉歌词,感知音乐,引导幼儿用肢体表达情感。

教师:我们试试加上身体的动作随着音乐把你心中的感受舞动起来,好吗?

4. 重点词汇,创编动作。

教师:小朋友们都挥动着小手,身体也动起来了,现在请一个小朋友来示范一下,当听到"那是小平爷爷当年亲手栽"时是怎么做的?

5. 教师和幼儿一起随音乐做动作。

教师:我们一起来听音乐做动作,来表达对小平爷爷的爱,好吗?

6. 再次欣赏乐曲,表达对小平爷爷的崇敬之情。

活动六 两个铜板一袋米

活动形式 ●集体 ○区域○日常○亲子

重点领域 ●语言○社会○健康○艺术○科学

活动目标

1. 知道故事的主要情节。
2. 学习小平爷爷从小爱学习、懂事孝顺的优秀品质。

活动准备

1. 故事图片。
2. 幼儿用书《两个铜板一袋米》。

活动过程

1.教师出示图片，讲述一至二段故事。

2.教师提问，组织幼儿讨论。

教师：故事里有谁？你知道邓希贤是谁吗？

教师：希贤摔倒了为什么告诉母亲不要紧？

3.幼儿自主阅读。

4.幼儿分享交流。

教师：母亲让希贤不要去上学了，希贤是怎么做的？

教师：母亲给了什么东西给希贤？希贤为什么把两个铜板和一袋米带回家了？

5.组织幼儿开展讨论，教育幼儿做个爱学习的好孩子。

教师：看了故事，我们知道希贤是一位爱学习，懂事孝顺的好孩子，他爱学习，不怕吃苦，从小懂得勤俭节约。

教师：如果你是希贤，你会怎么做？我们应该怎样向希贤学习？

附：

两个铜板和一袋米

小希贤(邓小平原名)刚上小学不久，一天，老天突然变了脸。乌云布满了天空，随着一道撕裂乌云的闪电，雷声轰隆隆滚了来，接着是大雨如注。到了放学的时候了，邓希贤还没回家。

母亲急坏了，连饭也做不下去了，一会儿到门口看一看，坐立不安。过了好一会儿，儿子回来了，全身被淋得湿透，衣服上、裤子上沾满了黄黄的泥巴。母亲心疼坏了，上上下下仔细打量说：“娃儿，你这是怎么啦？”儿子拿出书包里被淋湿的书本，在灶台上烤，回答母亲说：“雨大，路上太滑了，我摔了好几跤。”母亲忙问：“摔坏了吗？”邓希贤笑了笑，他知道母亲的心，便故意轻快地回答：“不要紧。”

第二天，雨还没停，邓希贤早早地收拾好书包，准备上学去。

母亲拦着他，说：“下这么大雨，路上又不好走路，今天不要去上学了。”

邓希贤人小主意大：“那可不行，我不能旷课。”

母亲见拦不住他，便装了一小口袋米，又拿了两枚铜板塞给儿子，交代说：“路滑，中午就不要回来吃饭了，省得来回走摔跟头。中午到场上熟人的店铺去搭一顿饭吃。”

邓希贤点点头，上学去了。

晚上回到家里，邓希贤从书包里掏出一袋米，又从衣袋里摸出两个铜板，交还给母亲。

母亲好奇怪，忙问：“这是怎么了，你怎么又带回来了？”

邓希贤调皮地摸着肚子说:“我一点儿也不饿,中午就没吃饭。”

母亲眼圈不禁发红了。她晓得,儿子是在为家里节省呀!

后来,再碰到下雨天,母亲就在家里煮好饭,请人带到学校给小希贤吃。

刻苦学习加上天资聪颖,邓希贤在班上成绩总是拔尖的。

活动七 小平爷爷的铜像

活动形式 ●集体○区域○日常○亲子

重点领域 ○语言○社会○健康●艺术○科学

活动目标

1.结合生活经验尝试用橡皮泥表现人物的简单形态。

2.体验大胆创作的愉快,表达对小平爷爷的敬仰之情。

活动准备

1.铜像图片。

2.橡皮泥、制泥工具。

活动过程

1.欣赏歌曲《邓爷爷,你好》。

教师:歌曲里唱的是谁?你是怎么样知道邓爷爷的?

2.教师出示邓爷爷铜像图片,引导幼儿观察。

教师:这个铜像是谁?他在干什么?你们在哪里看到过?

3.教师分析铜像结构,引导幼儿观察,引发其操作兴趣。

教师:铜像由哪几个部分组成?我们一起来仿做一个小平爷爷的泥像吧。

4.幼儿创作,教师观察幼儿情况,进行个别指导。

5.将幼儿的作品展示出来,进行评价。

附：

邓爷爷，你好

赵大国 词
徐邦杰 曲

1=♭E $\frac{2}{4}$

真情地

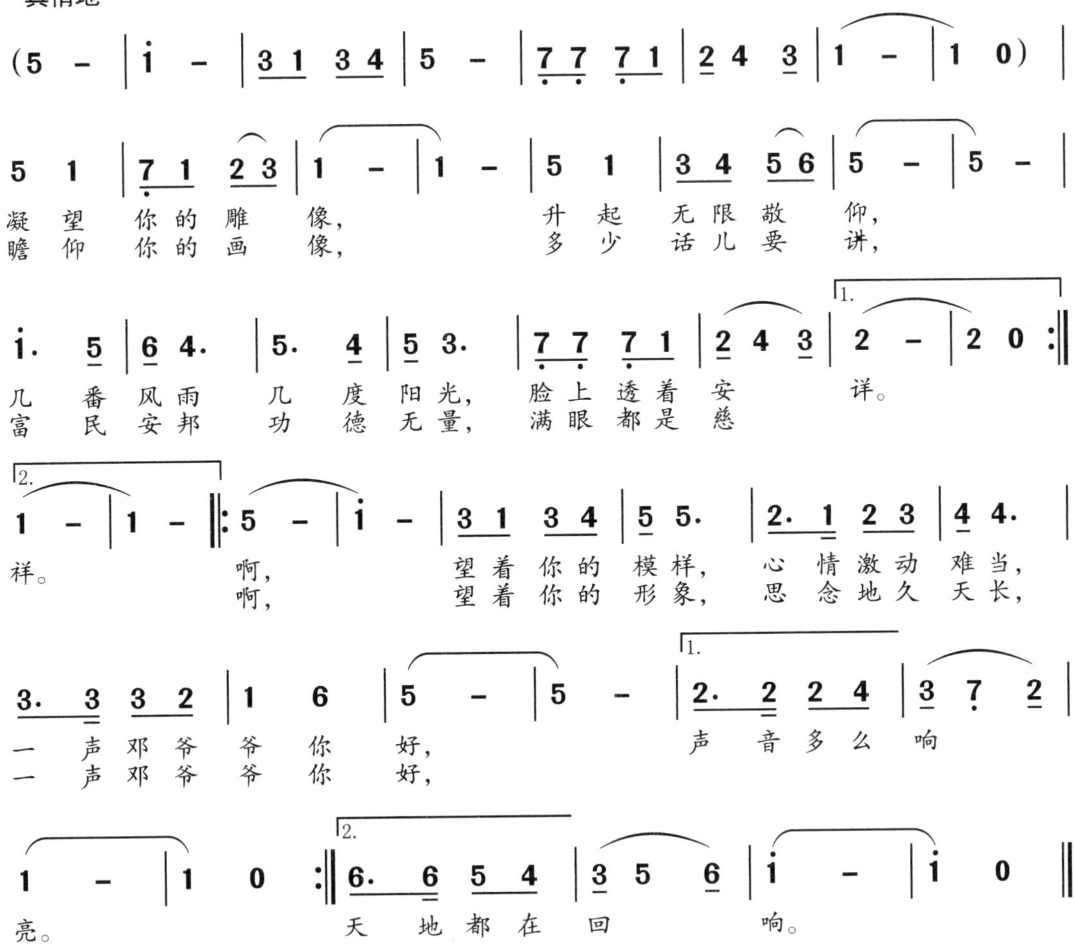

主题5 华蓥山游击队

主题说明

华蓥山，是四川盆地东部平行岭谷山脉，作为华蓥山游击队根据地，这里曾演绎了一幕幕与敌周旋、英勇战斗的革命故事。华蓥山武装起义声势浩大，威震敌胆，扰乱了国民党后方战场，牵制了敌人大批兵力，对人民解放军正面战场的胜利产生了重大影响。双枪老太婆是小说《红岩》虚构的一个英雄人物，是很多华蓥山游击队革命者的组合体。我们设计“华蓥山游击队”这个主题，通过系列活动让幼儿初步了解华蓥山游击队，逐渐走近“华蓥山游击队”。

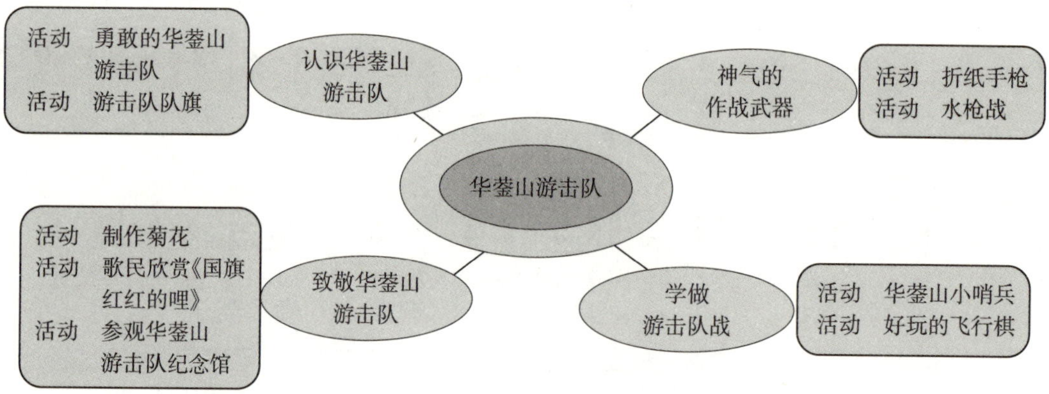

主题环境布置与活动参考

- 将活动中的相关图片、作品等展示在主题墙上。
- 请幼儿分享游戏中各自从家里带来的玩具枪，相关图书、图片等。
- 教师在主题结束后根据孩子兴趣保留主题一段时间，慢慢替换新的主题内容。

区域规划

区域名称	区域布置与活动参考
角色活动区	各种玩具枪、自制“靶子”、饮料瓶做的“手榴弹”等。
建构活动区	各种类型的积木，建构材料。
益智活动区	各种棋类物品：飞行棋、跳棋、五子棋等。

续表

区域名称	区域布置与活动参考
美工活动区	折纸步骤图、折纸用纸，颜料、画笔、调色盘。
语言活动区	华蓥山游击队和纪念馆的图片及相关图书、音像资料。

活动一　勇敢的华蓥山游击队

活动形式 ●集体○区域○日常○亲子

重点领域 ●语言●社会○健康○艺术○科学

活动目标
1. 初步认识华蓥山游击队，了解游击队英勇战斗的故事。
2. 萌发对华蓥山游击队的敬佩之情。

活动准备 华蓥山游击队的相关图片、视频。

活动过程

1. 出示图片引导幼儿了解华蓥山游击队。

教师：游击队是干什么的？他们是怎么战斗的？这支队伍为什么叫“华蓥山游击队”？现在还有没有华蓥山游击队？

教师小结：华蓥山游击队是很久很久以前（1947年至1949年），由中国共产党南方局领导川东临时工作委员会组织的一系列革命武装起义队伍。

2. 讲述华蓥山游击队的故事，进一步加深幼儿对华蓥山游击队的认识。

3. 出示华蓥山游击队的相关视频，拓展幼儿对华蓥山游击队的了解。

教师：从哪里看出了华蓥山游击队的队员们很勇敢？

4. 讨论并分享感受。

（1）华蓥山游击队的勇敢精神。

教师：华蓥山游击队队员的勇敢表现在哪些地方？

（2）幼儿经验迁移。

教师：说说你们平时在哪些方面也表现得很勇敢呢？

教师小结：华蓥山游击队英勇杀敌，不怕牺牲，不怕困难，我们小朋友也要像他们一样勇敢、坚强、不怕困难。

活动二 好玩的飞行棋

活动形式 ○集体●区域○日常○亲子

重点领域 ○语言●社会○健康○艺术●科学

活动目标 1.学玩飞行棋,并在玩棋游戏中学会合作交往。
2.复习数1至6及它们所代表的数量。

活动准备 飞行棋10套。

活动过程

1.幼儿自主探索飞行棋的玩法。

2.老师讲解飞行棋的规则。

3.幼儿俩俩玩飞行棋,老师适时指导。

游戏开始,幼儿以自己的方式决定谁先掷骰子,骰子掷到数字6,飞行棋就起飞,随后两人轮流掷骰子,掷到数字几就走几步,谁先到终点为胜。

4.请幼儿分享玩飞行棋的快乐及所遇到的问题。

活动延伸

请幼儿回家和家人一起玩飞行棋。

活动三 制作菊花

活动形式 ●集体○区域○日常○亲子

重点领域 ○语言●社会○健康●艺术○科学

活动目标 1.学习用剪直线、卷线条的方法制作菊花。
2.表达对华蓥山游击队英雄的崇敬之情。

活动准备 盆栽菊花、菊花制作范例、彩色手工纸、安全剪刀、双面胶、绿色吸管、绿胶带。

活动过程

1.欣赏盆栽菊花。

教师：菊花是什么颜色、什么形状的？菊花的叶子是什么样的？

2.幼儿学习制作菊花。

(1)幼儿讨论制作方法。

(2)教师小结：先将彩纸剪成长方形，再剪出细细的流苏。剪好后卷起来，用双面胶固定。把绿色吸管插进底部，用绿胶带缠绕做出花萼。将流苏展开后压一下，菊花制作完成。

3.幼儿操作，教师巡回指导。

(1)鼓励幼儿大胆操作。

(2)关注动手能力稍弱的幼儿。

4.展示、分享作品。

活动延伸

亲子参观华蓥山游击队纪念馆，为英雄们献上自制的菊花。

活动四　歌曲欣赏《国旗红红的哩》

活动形式 ●集体○区域○日常○亲子

重点领域 ○语言●社会○健康●艺术○科学

活动目标 1.学习完整地演唱歌曲，感受歌曲欢快的节奏。
2.能大胆用肢体动作表现歌曲，表达对国旗的热爱。

活动准备 国旗图片、歌曲录音。

活动过程

1.观察国旗图片。

教师：这是哪个国家的国旗？它是什么颜色的，上面有什么？

2.欣赏歌曲《国旗红红的哩》两遍。

教师:你们听到了什么?

3.理解并熟悉歌词。

(1)请小朋友们听音乐,分组摆歌词动作小图谱。

(2)随音乐节奏朗诵歌词。

4.学习歌曲并用动作表现歌曲。

(1)跟随音乐歌唱。

重点指导:在有休止符的地方要强调幼儿注意空拍,声音要断开。

(2)尝试用动作表现歌曲。

活动延伸

幼儿在美工活动区为华蓥山游击队设计队旗。

活动五 水枪战

活动形式

○集体●区域○日常○亲子

重点领域

○语言○社会●健康○艺术●科学

活动目标

1.乐意用不同的方法玩水枪,体验与同伴玩游戏带来的快乐。

2.在活动中,锻炼幼儿手部力量。

活动准备

水枪、水、矿泉水瓶、盆、报纸、城堡、户外场地

活动过程

1.组织幼儿讨论:水枪除了打水仗,还可以怎样玩?

2.老师小结,同时交代新的水枪战游戏玩法:水枪运水战,每6个幼儿为一组,一组一个盆,哪组的小朋友用水枪先把盆装满水为胜。

3.幼儿玩水枪运水战游戏。

4.幼儿玩水枪战游戏后,请幼儿给矿泉水瓶装水,每个幼儿两个瓶子,把水装满,自愿分成两队,幼儿穿着报纸做的战袍,到各自的阵地上为水枪战做准备。

5.水枪战游戏开始,双方队员用力挤压自制的“矿泉水瓶水枪”向对方城堡开战。

6.请幼儿分享新的水枪战游戏。

活动延伸

请幼儿到美工区把水枪战游戏画出来。

活动六　折纸手枪

活动形式　●集体○区域○日常○亲子

重点领域　○语言○社会●健康●艺术○科学

活动目标
1.尝试根据步骤图独立折纸。
2.锻炼手部动作的灵活性和协调性。

活动准备　折纸手枪范例、纸手枪折叠步骤图、人手一张长方形折纸。

活动过程

1.教师出示范例,激发幼儿兴趣。

2.教师展示纸手枪的折叠步骤图,幼儿尝试读图示。

(1)共有几个步骤图?

(2)每个步骤图的折法是什么?

3.小组讨论并尝试按步骤图折纸。

4.请个别小组示范讲解折纸手枪的方法,其他组补充。

5.教师小结纸手枪折叠步骤。

6.请幼儿使用折纸,根据步骤图折叠纸手枪。

7.使用制作好的折纸手枪和同伴玩一玩角色扮演游戏。

附:

纸手枪折叠步骤图

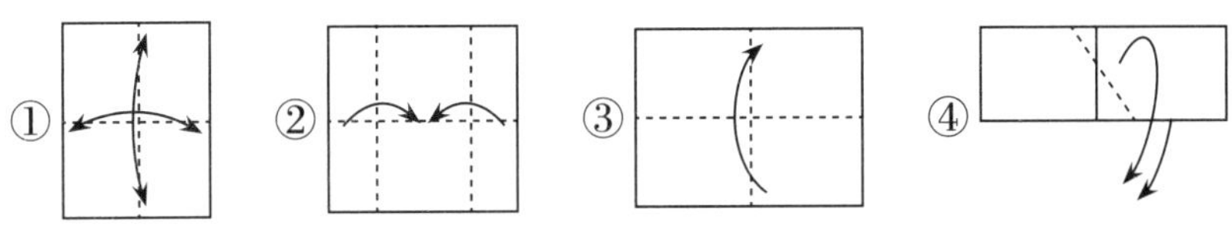

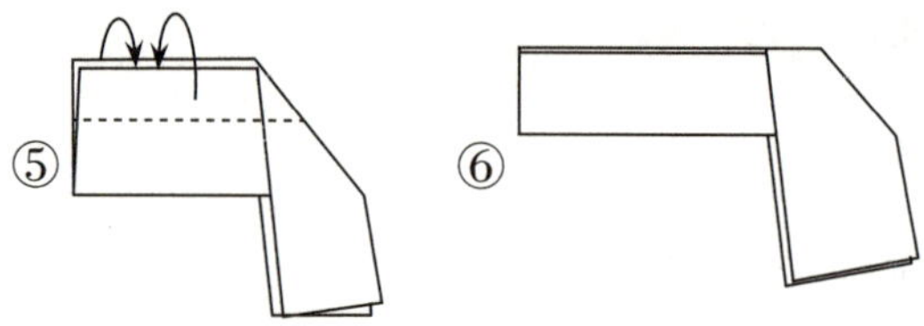

活动七 游击队队旗

活动形式 ○集体●区域○日常○亲子

重点领域 ●语言○社会○健康●艺术○科学

活动目标 1.幼儿能大胆地根据华蓥山故事设计游击队队旗。
2.增强幼儿对华蓥山游击队的敬佩之情。

活动准备 各种旗帜的图片、画笔、画纸、彩色纸、安全剪刀、胶水。

活动过程

1.请幼儿根据各种旗帜图片介绍旗帜。

2.设计华蓥山游击队队旗。

教师:你想为游击队设计什么样的队旗?

3.幼儿自己选择材料设计队旗,老师巡回指导。

4.请幼儿介绍自己设计的游击队队旗,并说出设计的理由。

5.分享展示幼儿的设计作品。

活动八 华蓥山小哨兵

活动形式 ●集体○区域○日常○亲子

重点领域 ●语言●社会○健康○艺术○科学

活动目标 1.学会儿歌,了解小哨兵的职责。
2.增强幼儿的责任意识。

活动准备 教具红缨枪。

活动过程

1. 出示红缨枪，激发幼儿兴趣。

2. 小哨兵的职责讨论。

教师：小哨兵要干些什么呢？

小结幼儿讨论情况，引出儿歌。

3. 欣赏儿歌内容。

教师：儿歌题目是什么？儿歌里说了些什么？怎样做一个有责任的小哨兵？

4. 学习儿歌，创编动作。

活动延伸

在平时的班级生活和学习中，幼儿以小哨兵角色参与晨检、午检活动，不让危险物品等入园、入寝室等。

附：

华蓥小哨兵

何涌涛　朱宏

我是华蓥小哨兵，机智勇敢真神气。

站岗放哨传情报，保卫家乡立功劳。

活动九　参观华蓥山游击队纪念馆

活动形式 ○集体○区域○日常●亲子

重点领域 ●语言●社会○健康○艺术○科学

活动目标 1. 进一步了解华蓥山游击队的英勇故事及作战武器。

2. 在活动中，增进亲子间的交流，体验亲子陪伴的快乐。

活动准备 参观准备事宜（车辆、门票）、安全预案、幼儿已初步了解华蓥山游击队。

活动过程

1. 出发前讨论:怎样记录你喜欢的游击队故事以及游击队作战武器。
2. 老师小结,同时告知参观规则。
3. 亲子参观游击队纪念馆。老师提醒幼儿记录。
4. 幼儿来园分享在纪念馆记录的故事及作战武器。

活动延伸

请幼儿回家和爸爸妈妈一起整理在纪念馆参观时的照片及视频。

主题6 武胜·龙舟情

主题说明

“千里嘉陵浪涛吼，五月端午赛龙舟。大江雄风代代传，你追我赶争上游……”这是气势豪迈、振奋人心的“嘉陵江龙舟旅游文化节”节歌的歌词。一泻千里的嘉陵江，由北向南纵贯武胜，在武胜境内蜿蜒曲折，给爱好龙舟竞赛的武胜人民创造了得天独厚的自然条件。四川武胜“嘉陵江龙舟旅游文化节”，是四川省旅游局正式批准的省内唯一一个以嘉陵江命名的旅游文化节。

武胜龙舟历史悠久，源远流长，在“武胜·龙舟情”的主题活动中，从龙舟的由来出发，引导幼儿感受民俗文化的魅力，关注武胜龙舟赛，探讨龙舟的特点、构造，然后进行一系列有关龙舟的探索，帮助幼儿通过欣赏、观察等手段深入探究。观察龙舟、设计龙舟、动手制作龙舟、组织旱龙舟比赛等，激发幼儿的民族自豪感，让幼儿感受端午节丰富的民俗文化，从小接受传统文化的熏陶；体验划龙舟，让幼儿感悟同舟共济、拼搏向前、团结协作的龙舟精神。

主题网络图

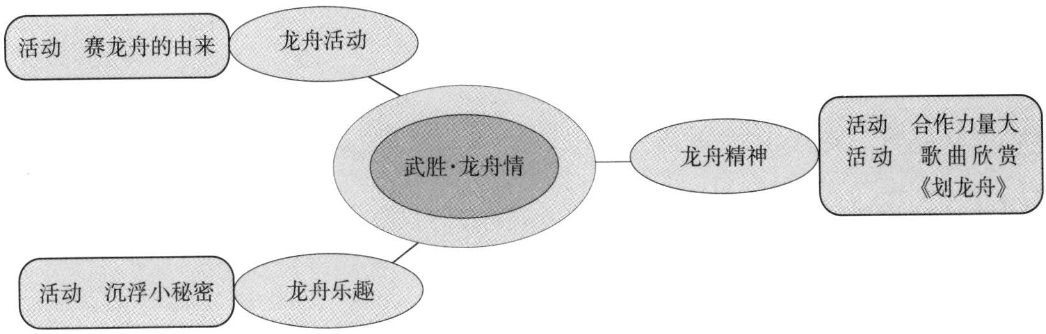

主题环境布置与活动参考

●主题开展前教师可以准备一些赛龙舟的图片粘贴在主题墙上，这些图片可以是武胜赛龙舟的图片，也可以是其他地方赛龙舟的图片，从不同地域引发幼儿对龙舟的关注。

●随着主题活动的进一步深入，可以添加各种龙舟和制作龙舟所需材料的图片在主题墙上。

●在集体活动“沉浮小秘密”后，教师可提供多种材料在益智活动区中。

区域规划

区域名城	区域布置与活动参考
角色活动区	凳子、锣、鼓、船桨若干;竹竿、彩条、纸棍、小旗等,音乐。
建构互动区	各种材质的DIY龙舟的积木。
益智活动区	纸船、积木、塑料瓶、泡沫、小石头、小纸片、珠子、筐、装有水的塑料瓶、记录单。
美工活动区	脸彩棒、雄黄、木质龙舟绘画包等材料。
语言活动区	《风风火火赛龙舟》(人民邮电出版社),《赛龙舟》(北京少年儿童出版社)

活动一 赛龙舟的由来

活动形式 ●集体○区域○日常○亲子

重点领域 ●语言○社会○健康○艺术 ○科学

活动目标

1. 知道赛龙舟的来历及蕴含的意义,了解端午节的习俗。
2. 萌发对民间传说故事的兴趣。

活动准备 赛龙舟的图片等。

活动过程

1. 出示赛龙舟的图片,引出主题,激发幼儿的兴趣。

教师:图片中的人们在干什么?场面怎么样?你知道为什么要赛龙舟吗?

2. 教师讲《赛龙舟的由来》的故事,让幼儿初步感知赛龙舟的来历。

3. 教师提问帮助幼儿简单复述故事内容。

(1)故事发生在哪里?

(2)住在这里的人们快乐地生活着,要感谢谁?为什么?

(3)那一年春天,小村庄为什么没下雨?发生了什么事呢?是谁惊醒了龙王?她是怎么做的呢?

(4)当天晚上所有的村民都做了一个同样的梦,是什么梦呢?

(5)人们又是怎么做的呢?

4.请幼儿谈谈端午节除了要赛龙舟以外，还有哪些习俗？

教师：小朋友们，端午节除了要赛龙舟，还有哪些习俗呢？（挂艾叶菖蒲、吃粽子、佩香包、编五彩绳）

5.请幼儿收集其他的传说故事讲给朋友听。

附：

赛龙舟的由来

从前，在一条大河的边上有一个美丽的小村庄。住在这里的人们每天耕种田地，过着快乐的生活。在这条大河里住着一个龙王，每年春天，当人们开始耕田的时候，龙王就会飞到空中腾云驾雾，这时天空就会下起绵绵细雨，田里的秧苗喝饱了水，都长得郁郁葱葱、生机勃勃。

可是，这一年的春天，很长很长的时间，天空都没有下雨。稻田干涸了，秧苗也枯黄了。焦急的人们不知道该怎么办。有一天，村子里的一个小女孩跟着她的妈妈去河边洗衣服，她们来到河边，小女孩学着妈妈的样子，拿着洗衣棒在河中敲打，一边敲一边嘴里念着："咚咚咚，咚咚咚——"声音传出了很远很远，惊醒了正在河底深处睡觉的龙王。

当天晚上，村子里的人们都做了同样的梦。在梦中，龙王说："我亲爱的人们，很对不起，我睡着了，睡了太长太长的时间。现在我很想为大家降场大雨，可是我需要大家的帮助。请你们用大树做成我的样子，在河面上划行，这样我就能为你们降雨了。"

第二天早上，人们醒来后纷纷来到山上，砍下又粗又长的大树，做成漂亮的龙舟，在端午节这一天放到河中去划行。果然天空立刻下起了一场大大的雨，田里的秧苗开心地喝着水，很快就直起了腰杆儿。

人们高兴极了，他们从心里感激龙王。从此每年端午节这一天，人们都会敲锣打鼓地在河面上赛龙舟，祈福这一年风调雨顺、五谷丰登。

（故事来源 http://www.51yey.cowyey/news-detmail. aspx? aid=1963655）

活动二　沉浮小秘密

活动形式 ●集体○区域○日常○亲子

重点领域 ○语言○社会○健康○艺术●科学

活动目标

1. 发现几种不同材质的物体在水中的沉浮状态。
2. 学会使用符号做观察记录。
3. 体验沉浮游戏的乐趣，愿意积极表达自己的发现。

活动准备

1. 纸船、积木、塑料瓶、泡沫、小石头、纸片、珠子、筐子。
2. 赛龙舟录像、记录单。

活动过程

1. 观看赛龙舟录像，引导幼儿讨论龙舟是怎么浮在水面的。

2. 幼儿分组进行探索，观察不同材质的物体在水中的沉浮状态并记录结果。

(1)教师介绍材料，出示记录单，讲解记录方法。

教师：小朋友们可以将这些材料放入水中，看看哪些东西会沉下去，哪些东西会浮起来。

(2)幼儿探索并记录，教师观察指导。

(3)幼儿讨论，集中分享探究结果。

教师：请小朋友们说说哪些物品会沉下去，哪些物品会浮起来。

活动延伸

教师：小朋友回家和爸爸妈妈一起，想办法让沉下去的东西浮上来，让浮上来的东西沉下去吧。

实验材料 / 猜想与验证	 纸船	 玻璃珠	 泡沫	 积木	 石头	 橡皮泥
 我的猜想						
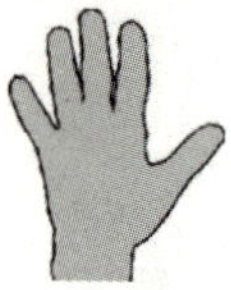 我的验证						

活动三　合作力量大

活动形式　●集体○区域○日常○亲子

重点领域　○语言○社会●健康○艺术○科学

活动目标

1. 锻炼腿部的力量和协调性。
2. 体验赛龙舟团结协作和步调一致的乐趣。
3. 知道赛龙舟是武胜端午节传统庆祝活动，萌发爱家乡的情感。

活动准备　赛龙舟的录像、“龙舟”四艘；节奏轻快的音乐，收录机；大红旗1面、小红旗4面。

活动过程

1. 观看赛龙舟录像，感受龙舟竞赛齐心协力、相互竞争的紧张、热烈气氛。

2. 活动前引导幼儿做放松运动。

游泳（活动上肢），射击（左右开弓），乒乓球（半蹲、体转），竞走（全身运动），体操（放松运动）。

3. 引导幼儿探索“大脚板”的玩法。

（1）教师：看，这是什么？那大脚板怎么玩呢？

（2）教师：你们玩儿得怎么样？谁玩得好，为什么呢？

4. 竞赛游戏“赛龙舟”。

教师：我们来进行龙舟赛，小朋友们三人一组，两个做桡手一个做鼓手，两名桡手从起点出发，穿好大脚板，套好“龙舟”，听着加油鼓声向前走。哪条“龙舟”最先到达终点，就算胜利。

5. 拓展讲述。

教师：除了每年在武胜的嘉陵江能看到赛龙舟，你还在哪里看到过赛龙舟？为什么世界各地的人们都喜欢赛龙舟？

活动四　歌曲欣赏《划龙舟》

活动形式　●集体○区域○日常○亲子

重点领域　○语言○社会○健康●艺术○科学

活动目标

1. 欣赏音乐，学唱歌曲，想象赛龙舟热闹的场景。
2. 能随音乐大胆创编动作。
3. 愿意和同伴合作游戏。

活动准备　音乐课件，乐谱；幼儿有认识龙舟的经验；龙舟赛的图片。

活动过程

1. 出示龙舟赛的图片，请幼儿观察讨论。

教师：端午节这天，嘉陵江边可热闹了。咦？江面上为什么停着许多打扮一新的龙舟，龙舟上还有许多盛装打扮的人们，你们知道这里要举行什么活动吗？

2. 欣赏音乐。

教师：刚才你听到歌曲中有哪些声音？他们怎么喊的？现在老师是啦啦队队长，听从我的指挥，我们也来喊一喊。

3. 学唱歌曲。

(1)幼儿看乐谱跟随教师诵读歌词。要求幼儿认真观察乐谱的内容。

(2)教师弹琴教幼儿唱三遍。要求幼儿用自然好听的声音演唱歌曲。

(3)教师与幼儿看乐谱完整唱一遍。

4. 幼儿听音乐，根据歌曲内容大胆创编动作。

5. 游戏“划龙舟”。

玩法：幼儿八个人一组，后面的幼儿依次抱住前面幼儿的腰蹲着向前走。教师敲鼓，比赛哪一组先到达终点，并给予奖励。

主题7 龙安柚

主题说明

龙安柚是广安特产之一，连续几年获得四川省优级果品称号。从金秋十月到来年春天一直出现在我们的生活中。每到龙安柚成熟的季节，果园里一片片黄澄澄的柚果吸引着人们的眼球，大街小巷水果摊上的龙安柚让人不由自主地想把它带走品尝。

开展“龙安柚”这一主题活动，让幼儿更全面深刻地了解广安龙安柚。“认识龙安柚”活动中，让幼儿知道龙安柚果皮黄橙色、果肉粉红色、肉质脆嫩、酸甜适度以及香甜的味道，让人无法抗拒它的诱惑。龙安柚已经融入我们的生活，成为不可分割的一部分，让我们大声地说出对它的喜爱和对家乡广安的热爱。

主题网络图

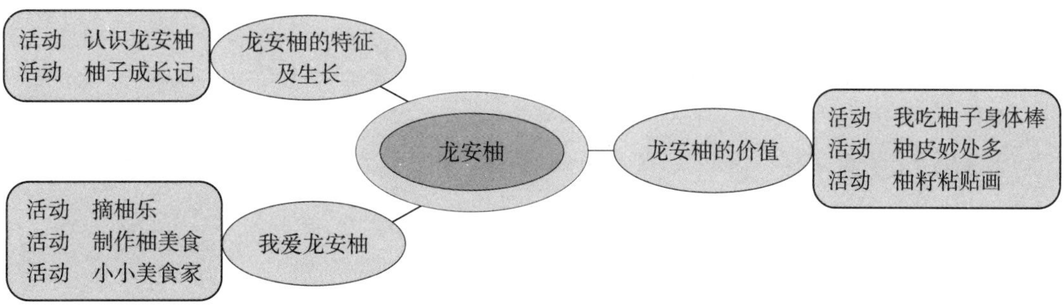

主题环境布置与活动参考

●集体活动“认识龙安柚”中使用到的图片可打印并展示出来，让幼儿在其他的时间继续观察讨论。

●集体活动“柚子成长记”中，可将柚子各阶段的成长图片打印并展示出来，供幼儿在其他时间进行观察和讨论。

●集体活动“我吃柚子身体棒”中，将柚子放入生活区中，让幼儿探索柚子的不同吃法，给幼儿动手操作的机会。

●集体活动“柚皮妙处多”中，将柚皮的各种用途（如：制作美食、去污、驱蚊、祛异味等）的图片打印并展示出来，供幼儿继续进行讨论。

●集体活动“柚籽粘贴画”中，可将柚籽粘贴画展示出来供幼儿及家长欣赏，在展示作品时，可考虑按照类别来张贴，还可将柚籽投入美工区供幼儿进行创作。

●集体活动“摘柚乐”中，可将摘柚子的舞蹈动作分解图片投放到表演区，可供幼儿在区域活动中进行练习。

区域规划

区域名称	区域布置与活动参考
角色活动区	集体活动“摘柚乐”，幼儿尝试用身体动作表现旋律，活动后可将动作展示图投放在本区域。
益智活动区	将柚子生长过程的图片投放至区角。
美工活动区	原色柚籽、上色的柚籽、胶水、背景轮廓图。
语言活动区	集体活动后，将图片等材料投放到本区域。 幼儿收集的柚子营养价值以及对身体益处的信息。

活动一 认识龙安柚

活动形式 ●集体○区域 ○日常○亲子

重点领域 ○语言○社会○健康○艺术●科学

活动目标

1.初步了解龙安柚的主要特征。
2.能说出龙安柚各组成部分的名称，并与图片一一对应。
3.产生对广安特产龙安柚的喜爱之情。

活动准备

1.龙安柚实物。
2.龙安柚各部分图片及写有名称的卡片若干。

活动过程

1.谜语导入，引起幼儿参与活动的兴趣。

教师：老师带来了一个谜语，请小朋友们猜一猜。（小小金坛子，装着金饺子，吃掉金饺子，吐出白珠子。）

教师：小朋友们好，我也是柚子，是来自广安的龙安柚，我生长在高高的树上，身体圆圆的，可爱极了。你们喜欢我吗？

2.教师利用实物逐一介绍龙安柚各组成部分。

教师:现在我们来剥开柚子,看一看龙安柚的组成部分。(外果皮—中果皮—内果皮—果肉—种子)

3.幼儿利用图片将龙安柚各部分一一对应,教师指导、总结。

教师:刚刚我们已经认识了龙安柚,接下来请小朋友们试着将它的图片和名称进行配对吧。

教师:所有小朋友都完成了,我们一起来验证一下对应结果吧!

4.活动结束后,可将图片投放到区域,供幼儿反复操作。

活动二 柚子成长记

活动形式 ●集体○区域 ○日常○亲子

重点领域 ○语言○社会 ○健康○艺术●科学

活动目标

1.了解龙安柚的生长过程。
2.能按正确的顺序对龙安柚的生长过程进行排序。
3.萌发对龙安柚的喜爱之情。

活动准备

1.幼儿已有参观龙安柚基地的经验。
2.龙安柚生长过程图。

活动过程

1.教师引导幼儿回忆参观龙安柚基地的经历并进行讲述。

教师:还记得上次参观龙安柚基地吗?你都看到了什么?龙安柚是怎样长出来的?

2.出示龙安柚生长图片并进行讲解。

教师:龙安柚的种子是它的哪部分?(引导幼儿说出柚籽即为种子)柚子的生长会经过哪些阶段?(种子—开花—结果)

3.引导幼儿将柚子生长过程的图片进行排序。

教师:请你们将这些图片进行排序。

4.幼儿与同伴自由讲述,巩固对龙安柚生长过程的了解。

活动三 我吃柚子身体棒

活动形式 ●集体○区域○日常○亲子

重点领域 ○语言○社会●健康○艺术●科学

活动目标
1. 了解龙安柚的营养价值。
2. 感受品尝龙安柚的乐趣,体验分享的快乐。

活动准备
1. 龙安柚营养价值相关信息。
2. 龙安柚果肉。

活动过程

1. 请幼儿分享收集到的龙安柚营养价值信息。

教师:说一说收集到的龙安柚的营养价值有哪些。

教师小结幼儿所收集的信息。

2. 教师讲解龙安柚的价值。

(1)教师详细讲解龙安柚的营养价值。(含有丰富的维生素和身体所必需的微量元素)

(2)讲解龙安柚对身体的益处。(可治疗咳嗽,促进肠道消化,镇痛消炎,健脾胃等)

3. 品尝龙安柚,感受分享的快乐。

4. 教师小结。

活动延伸

幼儿在生活活动区自主探索龙安柚的不同食用方法。

教师:柚子除了直接吃,还可做成什么美食呢?请你们去区角试一试吧。

活动四 柚皮妙处多

活动形式 ●集体○区域○日常○亲子

重点领域 ○语言○社会●健康○艺术○科学

活动目标

1. 知道柚皮有去污、防虫、除异味等多种用途。
2. 体验制作柚皮祛味包的乐趣。

活动准备

1. 新鲜柚皮若干、魔术盒一个。
2. 纸袋若干。

活动过程

1. 出示魔术盒，引起幼儿兴趣。

教师：我们来猜一猜、摸一摸里面有什么。（柚子皮）

2. 播放PPT课件，介绍柚皮的各种妙用。

教师：你们知道柚皮都有哪些用途。（制作美食、去污、药用、防蚊虫、祛异味等）

3. 教师示范、讲解制作柚皮祛味包的过程。（将柚皮切成小块，装入扎好小孔的纸袋系好即可）

教师：刚刚我们知道了柚皮有这么多用处，我们一起来动手制作柚皮祛味包吧。

4. 幼儿操作，教师巡回指导。

5. 幼儿讨论，并将制作好的柚皮祛味包投放至需要的地方。

活动五　柚籽粘贴画

活动形式　●集体○区域○日常○亲子

重点领域　○语言○社会○健康●艺术○科学

活动目标

1. 尝试用柚籽进行粘贴画。
2. 感受利用柚籽创作粘贴画的独特乐趣。

活动准备

1. 已上色的柚籽若干。
2. 白乳胶。
3. PPT课件。

活动过程

1. 播放PPT，欣赏各种粘贴画。

教师：请仔细观察粘贴画，说出有哪些制作材料。

2.出示上色的柚籽,激发幼儿创作的兴趣。

教师:请你们看看这是什么。

教师:请小朋友们用这些五颜六色的柚籽来尝试粘贴。

3.教师讲解粘贴方法。

4.幼儿自由创作,教师指导。

(1)请幼儿先画出自己喜欢的轮廓图。

(2)利用柚籽进行粘贴。

5.展示并欣赏幼儿作品。

活动六 摘柚乐

活动形式 ●集体○区域○日常○亲子

重点领域 ○语言○社会○健康●艺术○科学

活动目标

1.掌握"手腕转动"及"踵趾小跑步"的动作要领。

2.感受活泼欢快的音乐旋律,体验摘柚子的乐趣。

活动准备

1.龙安柚基地图片。

2.音乐《摘果子》。

3.幼儿用书。

活动过程

1.出示龙安柚基地图片。

教师:你们还记得这是什么地方吗?柚园丰收啦,你们在那儿做了些什么呢?

2.请个别幼儿在集体面前讲述并示范摘柚子的动作。

教师:你在龙安柚基地是怎样摘柚子的?谁愿意来表演摘柚子?

3.播放音乐,请幼儿欣赏,感受音乐的节奏并进行自由律动。

4.学习"手腕转动"及"踵趾小跑步"的动作要领。

教师:大家跟着音乐做了各种摘柚子的动作,看看老师是怎样摘柚子的。

5.再次播放音乐,教师完整示范,幼儿学习动作。(反复练习)

教师:让我们一起听音乐,帮农民伯伯把树上的柚子摘下来吧!

6.师幼共舞,体验"摘柚子"的乐趣。

活动延伸

教师将动作分解图片及音乐投放至表演区，供幼儿表演。

附：

摘果子

1＝F $\frac{2}{4}$

杨春华 词
佚　名 曲

中速轻快地

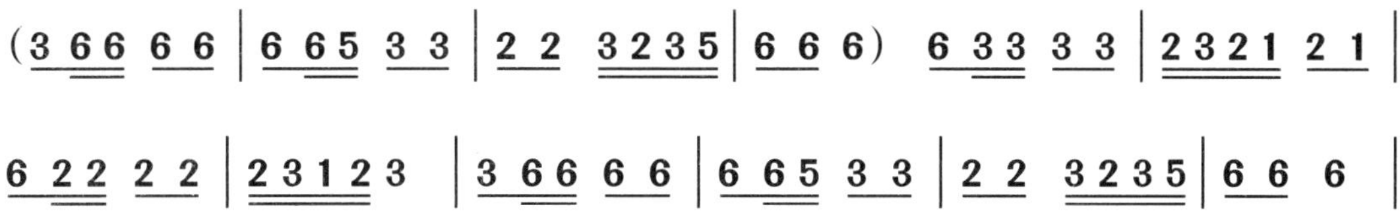

活动七 制作柚美食

活动形式 ○集体○区域○日常●亲子

重点领域 ●语言●社会○健康○艺术○科学

活动目标

1. 探索柚美食制作的种类。
2. 激发对龙安柚的喜爱之情。

活动准备

1. 参观柚子加工厂的图片。
2. 龙安柚、食谱、厨具等。

活动过程

1. 出示图片，回忆参观柚子加工厂制作出的食物。

教师：你们还记得柚子被加工成了哪些食物吗？

2. 展开想象，说出龙安柚还可以制作成哪些美食。

教师：你最喜欢吃的食物是什么？你觉得龙安柚还可以制作成哪些美食？

3. 教师小结。

教师：小朋友们还知道这么多用龙安柚做成的美食，回家后自己动手把美食做出来吧！

活动八 小小美食家

活动形式 ○集体○区域●日常○亲子

重点领域 ●语言○社会●健康○艺术○科学

活动目标
1. 能用清晰的语言介绍自己的美食作品。
2. 体验分享的乐趣。

活动准备
1. 已制作好的柚子美食。
2. 小小美食家投票卡。

活动过程

1. 谈话活动。

教师：参观了柚子加工厂，好多小朋友也和爸爸妈妈在家里制作了各种关于柚子的美味食物，要带来分享给大家。请说一说你们的食物是怎么制作的呢？还用了哪些食材？

2. 进行美食分享，品尝各种柚美食。

3. 幼儿投票评出小小美食家。

教师：小朋友们吃了这么多好吃的柚美食，你们觉得哪个最好吃呢？请给你心中的小小美食家投出宝贵一票吧。

活动延伸

请幼儿走出教室，将美食分享给其他班级的小朋友，体验分享的快乐。

主题8 顾县豆干

主题说明

岳池自然风光秀美，农家文化底蕴深厚，物产丰富，小吃及土特产声名远播。岳池的顾县镇地处风光旖旎的国家级森林公园金城山南边，镇区依山而伴，绿水萦绕。因顾县水质的玄妙，千年古方的神奇加上制作工艺的历史锤炼，造就了顾县豆干质嫩爽口，滑润细腻，味道纯正的特点，让人百吃不厌。

顾县豆干，幼儿特别爱吃。它用什么做的？怎么做？如何推广？这些他们并不了解，于是“顾县豆干”这一主题活动应运而生。我们以认识豆干、豆干制作过程、趣味豆干、推广豆干为活动内容，希望通过实际操作、外出实践、品尝顾县豆干、角色扮演等活动让幼儿利用多种感官认识、了解顾县豆干，了解岳池的饮食文化，乐于交流自己的发现，进一步培养他们热爱家乡的情感。

主题网络图

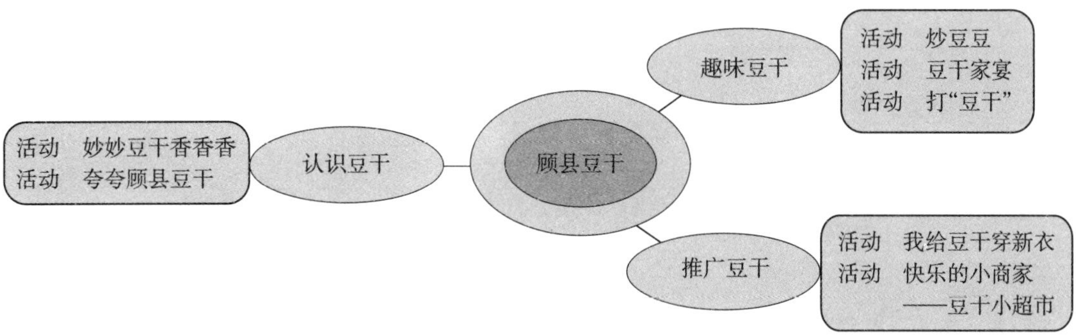

主题环境布置与活动参考

●集体活动“我给豆干穿新衣”，幼儿自己设计的装饰包装盒完成后，教师可以按照幼儿的设计在教室里或走廊上进行分类展示，让其他班级的家长也有机会参观。

●集体活动“打‘豆干’”后，让幼儿将纸折“豆干”装饰后，在教室里或走廊上进行展示，让其他班级的家长也有机会参观。

区域规划

区域名称	区域布置与活动参考
角色活动区	亲子活动“豆干家宴”结束后，可以将亲子共同制作的豆干菜肴的照片和制作过程的图片打印出来，亲子活动中使用的围裙、厨师帽以及幼儿平时相关手工活动制作的豆制品模拟物，在活动后投放到本区域中，让幼儿继续扮演，与同伴互动。 教师和幼儿在本区域内可合力开办一个“豆干小超市”，设收银员、老板、顾客、货币、仿真豆干等，引导幼儿根据兴趣分配角色，进行游戏。
建构活动区	集体活动“我给豆干穿新衣”进行后，设计的包装盒投放到本区域，让幼儿进行搭建。
益智活动区	集体活动“打‘豆干’”进行后，可以将纸折“豆干”、彩色笔、勾线笔投放在本区域，让幼儿进行几何形状认知、颜色认知。
美工活动区	多张长方形纸、折纸“豆干”制作步骤图。(打“豆干”) 大小不同的纸盒若干、大张彩色纸、宽透明胶带、白胶、颜料、画笔、水桶等。 亲子活动“顾县古镇半日游”进行后，内容可以延伸到本区域，为幼儿投放画纸、勾线笔、油画棒，让感兴趣的幼儿将自己的所见以绘画的方式呈现，与同伴互相交流。
语言活动区	《图说民间游戏》(科学普及出版社)。 《豆腐哥哥我爱你》(湖北教育出版社)。 《童谣三百首》(四川美术出版社)。

活动一 妙妙豆干香香香

活动形式 ●集体○区域○日常○亲子

重点领域 ●语言○社会●健康○艺术○科学

活动目标

1. 了解岳池顾县豆干的制作过程。
2. 喜欢吃豆干，知道豆制品有利身体健康。
3. 了解顾县豆干是广安岳池特产之一，增进对家乡的热爱之情。

活动准备

1. 豆干照片及相关图片。
2. 黄豆、豆浆、顾县豆干若干。

活动过程

1.实物导入。

(1)教师出示顾县豆干,引发幼儿对顾县豆干的兴趣。

教师:你们知道这个是什么吗?你们吃过吗? 是什么味道的? 好吃吗?

(2)教师小结:这个是广安岳池的特产——顾县豆干。

2.教师播放图片,引导幼儿观察并初步了解顾县豆干。

(1)教师:我们一起来看一看顾县豆干是什么样子的?

(2)了解豆干含有的丰富营养,对身体非常有益。

3.教师引导幼儿看一看、摸一摸黄豆、豆浆和豆干,让幼儿感受他们的不同。

(1)看一看。

黄豆是圆圆的,一颗一颗的;豆浆像水;豆干则是方形的,一块一块的。

(2)摸一摸。

黄豆摸起来硬硬的;豆浆摸起来黏黏的;豆干摸起来则是有弹性的。

3.了解黄豆变成豆干的过程。

(1)教师引导幼儿仔细观察图片,了解顾县豆干的制作过程。

(2)教师结合图片讲解顾县豆干的制作过程。

(3)教师引导幼儿用语言介绍顾县豆干的制作过程。

4.幼儿品尝豆干,交流讨论豆干的味道。

活动延伸

可将活动中使用到的图片展示出来,让幼儿在日常活动及其他时间继续观察、讨论。

活动二　夸夸顾县豆干

活动形式

●集体○区域○日常○亲子

重点领域

●语言●社会○健康○艺术○科学

活动目标

1.能用一句完整的语言描述顾县豆干。

2.认真倾听他人的谈话,养成与人交流的习惯。

3.增强对家乡的自豪感。

活动准备

1.各种顾县豆干的照片。

2.顾县豆干分成若干小份。

活动过程

1. 教师出示图片和豆干实物，请幼儿仔细观察，使用多种感官了解顾县豆干。

(1)请幼儿观察顾县豆干的包装、颜色、形状，并品尝顾县豆干的味道。

教师：你在画面上看到了什么？它的包装袋是什么样子的？上面有些什么？

教师：豆干是什么颜色的，什么形状的？让我们放一些干净的豆干到嘴里，尝一尝是什么味道的，咬起来是什么样的感觉。

(2)通过撕、揉、捏等动作来感知豆干。

教师：我们捏一捏顾县豆干，是什么样的感觉？

教师：我们试着撕一撕顾县豆干，能撕动吗？

2. 教师引导幼儿说一说顾县豆干。

教师：你们喜欢吃顾县豆干吗，为什么？

教师从豆干的包装、外形、味道引导幼儿用不同的词语描述豆干的特点。

3. 将幼儿分成小组，进行自由讨论：如何夸夸顾县豆干。

4. 教师引导幼儿用一句完整的话夸夸顾县豆干。

活动延伸

将幼儿喜欢的顾县豆干种类和最喜欢的语句记录、统计下来。统计表可以展示出来，让幼儿以此为话题和同伴沟通、交流。

活动三 炒豆豆

活动形式 ●集体○区域○日常○亲子

重点领域 ○语言○社会●健康●艺术○科学

活动目标

1. 锻炼手臂大动作，增强手臂力度，加强与同伴的合作能力。
2. 体验与同伴合作游戏的快乐。

活动准备 民间儿歌《炒豆豆》。

活动过程

1.谈话导入。

教师:小朋友们喜欢玩游戏吗?你们知道有一个有趣的游戏叫“炒豆豆”吗?这可是你们的爸爸妈妈小时候玩过的游戏!你们想知道这个游戏是怎么玩的吗?

2.教师一边念儿歌一边介绍游戏玩法。

炒、炒、炒豆豆(两人面对面,手拉着手,两手从外向内有节奏的摆动,同时一只脚跟着节奏做跺脚动作。)

炒完豆豆翻跟头(两人面对面,手拉着手,举起同一侧的手臂,从两人双手搭成的洞里背靠背钻过去。)

炒、炒、炒豆豆(两人面对面,手拉着手,两手从外向内有节奏的摆动,同时一只脚跟着节奏做跺脚动作。)

炒完豆豆翻跟头(两人背对背,手拉着手,举起同一侧的手臂,从两人双手搭成的洞里背靠背钻过去,站回原位。)

3.幼儿两人一组,玩“炒豆豆”游戏。

教师:我们一起边念儿歌边做炒豆豆的游戏吧。

4.尝试重新创编游戏动作。

教师:我们还可以用什么方法来炒豆豆呢?

5.教师带领幼儿用新创编的动作玩“炒豆豆”游戏。

6.活动结束。

教师:今天我们学会了玩“炒豆豆”这个游戏,让我们回家和爸爸妈妈一起玩吧!

活动延伸

可在日常活动中开展民间游戏“翻豆腐”或创编新的游戏。

附:

炒豆豆

(民间童谣,由丁青珍整理)

炒、炒、炒豆豆,炒完豆豆翻跟头。

炒、炒、炒豆豆,炒完豆豆翻跟头。

翻豆腐

哪边高?左边高。

哪边矮?右边矮。

一块豆腐翻几次？

翻一次。

附："翻豆腐"游戏建议（幼儿两人为一组）

（1）翻豆腐。（两个幼儿面对面，手牵手，一边手举高，一边手放低。）

（2）哪边高？左边高。（幼儿一人问，一人回答。左右视幼儿游戏时具体方向而定）

（3）哪边矮？右边矮。（幼儿一人问，一人回答，左右视幼儿游戏时具体方向而定）

（4）一块豆腐翻几次？（幼儿一人问）

（5）翻一次。（另一幼儿回答。幼儿面对面，手拉着手，举起同一侧的手臂，从两人双手搭成的洞里背靠背钻过去。幼儿说翻几次则做几次翻手臂动作。）

活动四 豆干家宴

活动形式 ○集体○区域○日常●亲子

重点领域 ○语言●社会●健康○艺术○科学

活动目标

1. 初步认识常见的顾县豆干，知道顾县豆干的种类丰富。
2. 体验亲子活动的快乐，增进亲子感情。

活动准备 卤豆干、油炸豆干、熏豆干、炸卤豆干、炒豆干、蒸煮豆干等顾县豆干的图片。

活动建议

1. 此次亲子活动可以半日活动的形式组织，充分让幼儿与家长互动。

2. 家长和幼儿共同阅读图片，确定制作何种豆干。

3. 家长和幼儿在家共同制作豆干。

4. 请各位幼儿将自己和家长所做的豆干带到教室展示，分享。

（1）介绍与家长制作豆干的过程。

（2）分享自己的豆干。

5. 如果部分家长对于烹制菜肴有困难，也可以选择成品进行展示。

活动延伸

亲子活动"豆干家宴"结束后，教师可以将幼儿和家长共同制作的豆干的照片和制作过程图片打印出来，展示在角色活动区，让幼儿有机会和同伴继续扮演角色。

活动五　打“豆干”

活动形式　●集体○区域○日常○亲子

重点领域　○语言○社会●健康●艺术○科学

活动目标

1. 增强观察能力，锻炼手、眼、脑协调能力。
2. 了解打“豆干”是一种民间传统游戏，学会折“豆干”的方法。
3. 体验家乡民间游戏的乐趣，增进对家乡的热爱之情。

活动准备

1.“纸折豆干”数个。
2. 彩色折纸若干张。
3.“打豆干”游戏图片、纸折“豆干”制作步骤图。

活动过程

1. 教师出示纸折“豆干”，引导幼儿讨论纸折“豆干”。

教师：你们知道这是什么吗？它们是什么形状的？它们像什么东西？它们是用来做什么的？

2. 带领幼儿看“打豆干”游戏的图片及步骤图，观察图片中的内容，初步熟悉“纸折豆干”制作步骤，激发幼儿对制作“纸折豆干”的兴趣。

3. 教师结合步骤图，分步教“纸折豆干”。

4. 幼儿操作，教师巡回指导。

5. 展示作品，交流分享制作“纸折豆干”的经验。

6. 教师介绍“打豆干”游戏规则。

一个“纸折豆干”击打地上任意一个“纸折豆干”，把地上的“纸折豆干”打翻面，地上的“纸折豆干”就属于自己，则可拾起来；如果打不翻，则不能拾起来。下一个幼儿继续，不论赢与不赢，一轮游戏中一个人只有一次击打机会。游戏按次序循环反复，直到地上的“纸折豆干”被打翻捡完为止。

7. 教师将全班幼儿分成若干小组，进行“打豆干”游戏。

8. 游戏结束后，集体讨论“打豆干”的技巧。

教师：“打豆干”的时候，怎样才能把地上的“豆干”打翻面？

9. 再次进行“打豆干”游戏，锻炼在游戏中保持身体平衡和手、眼、脑的协调能力，增强击中目标的准确性。

活动延伸

"打豆干"进行后,让幼儿将"纸折豆干"装饰后,在教室里或走廊上进行展示,让其他班级的家长也有机会参观。

活动六 我给豆干穿新衣

活动形式 ●集体○区域○日常○亲子

重点领域 ○语言○社会○健康●艺术○科学

活动目标

1.乐于尝试设计顾县豆干外包装。

2.乐于向同伴介绍自己设计的包装。

活动准备

1.各种顾县豆干的包装盒、包装袋。

2.空白小盒子若干、卡纸、绘画材料、安全剪刀、固体胶等。

活动过程

1.出示各式顾县豆干包装,幼儿仔细观察。

教师:你们喜欢哪种包装,为什么?

教师:漂亮的包装就像漂亮的衣服,会让豆干更受欢迎。

2.教师引导幼儿利用多种方式为豆干设计制作新的包装。

教师:我们可以通过绘画、粘贴等方式为豆干设计制作新衣哦。

3.动动手,穿"新衣"。

(1)教师分发空白小盒子、各色卡纸、安全剪刀、绘画笔等操作材料。

(2)幼儿利用各种材料对包装进行设计,教师巡回指导。

4.展示"新衣"。

幼儿展示自己设计的包装,并大胆尝试推销自己的产品。

活动延伸

此次活动也可使用包装袋进行。教师可以将幼儿设计的包装盒放在教室某个位置,整体装饰主题环境。此次设计的包装盒也可作为建构材料。

活动七　快乐的小商家——豆干小超市

活动形式　○集体●区域○日常○亲子

重点领域　●角色○益智○建构○美工○语言

活动目标

1.初步了解商家的买卖过程。

2.能够积极思考，与同伴合作协商，积极开展豆干小超市的游戏。

3.体验角色游戏的乐趣，增强对角色的理解。

活动准备

1.幼儿已有购物的生活经验。

2.教师和幼儿在本区域内合力开办一个豆干小超市。

活动过程

1.谈话导入。

教师：我们的豆干小超市开业啦！里面有收银员、老板、顾客，你们想扮演哪个角色？

2.教师引导幼儿根据自己的兴趣选择角色，进行扮演。

3.幼儿游戏，教师巡回引导。

(1)教师以老板的身份参与游戏，进行引导。

(2)教师以顾客的身份参与游戏，进行引导。

4.组织幼儿收拾整理游戏材料。

活动延伸

在区域活动结束之后，请扮演角色的幼儿分享游戏过程，鼓励其他幼儿积极参与到本区域活动中。

主题9 探秘神龙山

主题说明

神龙山，一座“用石头在石头上建起来的石头城”，有“东方特洛伊城”的美称，山势突兀险要，蜿蜒欲飞呈腾龙之状，曾为古巴国重要的军事要塞，其文化底蕴厚重。作为川东旅游一颗璀璨的明珠，神龙山被越来越多的人熟悉，被越来越多的人喜欢。

在“探秘神龙山”的主题活动中，我们将带领幼儿一起了解神龙山的古今传奇，丰富幼儿的历史文化知识。在“多姿多彩的神龙山”等艺术活动中，幼儿利用优美的线条与多种色彩展现神龙山之美，释放幼儿的创造天性。

“探秘神龙山”主题活动，将带给幼儿“是山是水分不清，只疑身在画中行”的美好享受，丰富幼儿对家乡的认识，增强幼儿的主人翁意识和自豪感，培养幼儿热爱家乡、热爱大自然、保护地球家园的情感和责任感。

主题网络图

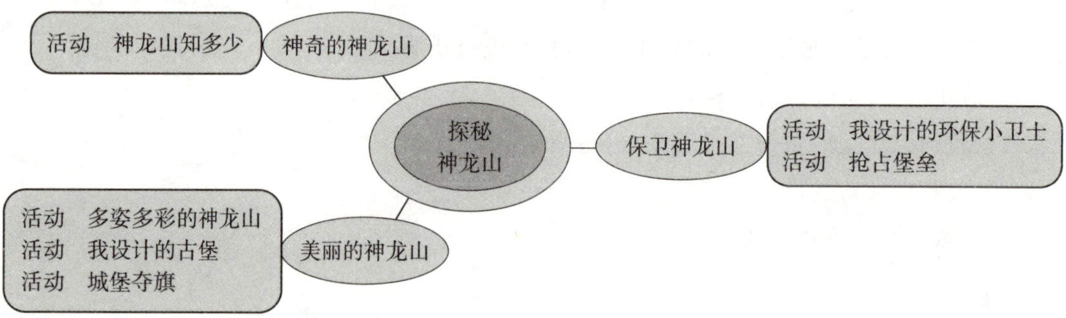

主题环境布置与活动参考

●亲子出游神龙山之后，将幼儿和家长共同出游的照片展示在主题墙上，让幼儿以此为话题与同伴交流。

●集体活动“多姿多彩的神龙山”后，收集幼儿完成的作品，展示在教室的主题墙上，让幼儿相互欣赏。

●区域活动“我设计的古堡”开展时，将幼儿建构的作品拍成照片后展示在墙面上，鼓励幼儿相互学习。

●集体活动“我设计的环保小卫士”后，教师带领幼儿用废旧物品制作环保小卫士，并将其展示出来。

区域规划

区域名称	区域布置与活动参考
角色活动区	各种服装及音乐。 锅、碗、勺子、桌子、椅子等物品。
建构活动区	积木、纸杯等建构材料，教师也可根据园区内的实际情况在沙池内开展区域活动。
益智活动区	骰子、战士模具、小旗、城堡棋谱等。
美工活动区	画纸、水彩笔、油画棒等。 轻黏土、塑料碗具、餐具等操作材料。 易拉罐、纸杯、塑料瓶、吸管等废旧材料，彩色卡纸、皱纹纸、安全剪刀、胶棒等。
语言活动区	亲子自制《神龙山的传奇故事》绘本。

活动一　神龙山知多少

活动形式 ●集体○区域○日常○亲子

重点领域 ●语言●社会○健康○艺术○科学

活动目标

1.能对神龙山景点进行简单讲述。

2.能安静倾听他人的讲述。

3.萌发爱家乡的情感。

活动准备

1.幼儿与家长提前查阅神龙山的资料。

2.PPT：神龙山景点图片。

活动过程

1.出示神龙山正大门的图片，引出谈话主题。

教师：这是哪里？你们去过神龙山吗？神龙山有哪些美丽的景点呢？

2.出示神龙山各大景点的图片，加深幼儿对神龙山景点的认识。

（1）观看神龙山古堡的图片，了解古堡的特征和作用。

教师：这些古堡和普通的房子有什么不一样？你们能猜一猜人们为什么要修建这些古堡吗？

(2)观看北望楼的图片,了解北望楼的特点。

教师:你知道这个景点叫什么名字吗? 你看到的北望楼是什么样子?

(3)教师组织幼儿逐一观看猊峰城、龙门关、龙泽寺、神坝、巴风楼、土舟湖、巴国门户、望乡楼、箭楼、城防暗道等景点图片,了解各大景点的特点。

3.小组分享,请幼儿向同伴讲述自己所看到的神龙山。

活动延伸

请幼儿与家长一起收集神龙山的传奇故事,并将收集的故事讲给同伴听,加深幼儿对神龙山的了解。

活动二 多姿多彩的神龙山

活动形式 ●集体○区域○日常○亲子

重点领域 ○语言○社会○健康●艺术○科学

活动目标

1.能运用线条和色彩表现神龙山之美。

2.能积极参与绘画活动,体验绘画带来的乐趣。

3.萌发热爱家乡的情感。

活动准备

1.神龙山的相关图片。

2.图画纸、彩色笔若干。

活动过程

1.请幼儿欣赏不同季节的神龙山景色,感受神龙山景色的多姿多彩。

教师:从这几张神龙山风景图中,你能猜出它们分别是哪个季节吗? 你是怎么猜出来的? 神龙山里还有哪些漂亮的颜色?

2.欣赏神龙山建筑物的图片,感受神龙山建筑物的多姿多彩。

教师:你知道这是哪里吗? 这里的围墙是什么样子的?房顶是什么形状的? 门和窗是什么样的? 你最喜欢神龙山里的哪一个建筑物,为什么?

3.鼓励幼儿大胆想象,运用线条及色彩描绘多姿多彩的神龙山,教师巡回指导。

教师:你最想画什么?怎么画? 你想用什么颜色去装扮多姿多彩的神龙山?

4.欣赏评议。

(1)幼儿互相欣赏作品,并向同伴介绍自己的作品。

(2)集中展示作品,重点从作品的构图和色彩搭配两方面引导幼儿欣赏作品。

活动三　我设计的古堡

活动形式　●集体○区域○日常○亲子

重点领域　○语言○社会●健康○艺术○科学

活动目标

1.尝试用架空、垒高、平铺、延长等技能搭建古堡。

2.能与同伴协商,分工合作,共同完成建构任务。

活动准备

1.户外场地、梯子、轮胎、垫子、木板。

2.神龙山古堡的相关图片。

3.幼儿建构经验。

活动过程

1.出示神龙山古堡图片,感受古堡的建筑结构。

教师:你知道图片上有什么吗?这是哪里的古堡?这里的古堡是什么样子的?

2.组织幼儿讨论,规划建构计划。

教师:如果你是建筑师,你会怎么搭建神龙山古堡?在搭建古堡时,如何分配任务?(一组幼儿搭建古堡,一组幼儿搭建作战区域)

3.提出建构要求。

(1)选择自己所需的材料,和同伴一起合作建构。

(2)建构的古堡要牢固。

(3)建构的古堡要符合神龙山古堡易守难功的特征。

4.幼儿分组建构,教师巡回指导。

重点观察幼儿完成计划的情况,必要时提供帮助。

5.评价与小结。

教师:你搭建的古堡,什么地方最好,为什么?

活动延伸

幼儿扮演神龙山小战士，保卫自己的家园。

活动四 城堡夺旗

活动形式 ●集体○区域○日常○亲子

重点领域 ○语言○社会○健康○艺术●科学

活动目标

1. 能用目测的方法正确判断6以内的数量。
2. 能根据骰子的点数与棋谱的格子数相匹配，并进行游戏。
3. 体验游戏带来的乐趣。

活动准备

骰子、小战士模具、红旗、城堡棋谱。

活动过程

1. 玩骰子游戏。

教师：今天老师带来了什么？咱们一起来玩一玩骰子的游戏吧。

教师：老师扔骰子，请你们说出骰子正上面的点数。

2. 请幼儿分组玩报数游戏。

每组六名幼儿，从1到6进行报数，报数完毕后，教师骰子掷到几，该点数对应的幼儿就跑到教师身边。

3. 教师出示城堡棋谱，引导幼儿认识棋谱，熟悉游戏玩法。

（1）认识棋谱。

教师：城堡棋谱上都有哪些标识？它们分别是什么意思？我们一起来看一看。

（2）介绍玩法。

两名幼儿共同进行游戏，轮流掷骰子，根据骰子上的点数，走相应点数的格子。谁先到达终点，夺得红旗，谁就获胜。

4. 请两名幼儿示范玩法，教师从旁指导，进一步强化幼儿游戏的规则意识。

5. 幼儿两两人一组进行比赛，教师巡回指导。

活动五　我设计的环保小卫士

活动形式　●集体○区域○日常○亲子

重点领域　○语言●社会○健康●艺术○科学

活动目标

1.尝试用废旧物品进行创作。
2.体验旧物利用的乐趣。
3.增强环境保护的意识。

活动准备

1.废旧材料:易拉罐、塑料瓶、纸杯、吸管等。
2.美工用具和材料:彩色的卡纸、皱纹纸、安全剪刀、胶棒、水彩笔、油画棒等。
3.神龙山环保小卫士的图片。

活动过程

1.出示神龙山环保小卫士的图片,引起幼儿制作的兴趣。

教师:你们知道这是什么吗?它是用来做什么的?它是用哪些材料做的?你想设计一个环保小卫士吗?

2.组织幼儿小组讨论如何设计环保小卫士,再将讨论结果在全班进行分享。

教师:你心中的环保小卫士是什么样子的?你们想用什么样的材料来进行设计,为什么?

3.幼儿自选材料,分组设计环保小卫士,教师巡回指导。

4.各组分享交流设计的作品。

教师:你们小组设计的环保小卫士是什么样子的?为什么你们要这样设计?

活动延伸

教师将幼儿制作的环保小卫士放置在教室内,并请幼儿邀请父母及身边的同伴加入到保护环境的队伍中来。

活动六 抢占堡垒

活动形式 ●集体○区域○日常○亲子

重点领域 ○语言○社会●健康○艺术○科学

活动目标
1. 能保持身体平衡,快速、安全地通过障碍物。
2. 体验团结协作的乐趣。
3. 增强游戏规则意识。

活动准备
1. 用轮胎搭建的"堡垒"两个、梯子两个。
2. 跨栏,障碍物,红色、蓝色旗子,轮胎若干。
3. 较空旷的场地、欢快的音乐。

活动过程

1. 谈话导入,激发幼儿参与活动的兴趣。

教师:你想当一名巴人小战士吗,为什么? 老师用轮胎搭建的是什么? 你知道堡垒是用来做什么的吗?

2. 请幼儿观察游戏场地,介绍游戏规则。

幼儿分为红、蓝两队,分别拿着本队的旗子跨过跨栏、绕过障碍物、翻过梯子到达对方的堡垒,将手中的旗子插在对方的堡垒上,即完成抢占任务。每队两位幼儿同时出发,哪一组先将旗子插完,哪一组就抢占成功。

3. 幼儿进行游戏比赛,教师巡回指导。

教师:你知道为什么你们队没有抢占成功吗? 你有什么办法可以让你们的队伍取得胜利? 你们想给对方设置更多的障碍吗? 你想怎么设置?

4. 请幼儿利用教师提供的器材给对方的道路上设置障碍,再次进行游戏。

5. 教师带领幼儿进行放松运动。

主题10 美丽乡村——白坪

主题说明

白坪——飞龙乡村旅游度假区的突出农业旅游资源，重点推进花样年华、橙海阳光、丝情画意、开心农场、金色大地、四季花海六大景区。在“美丽乡村——白坪”主题活动中，教师通过一系列活动引导幼儿观赏白坪的美景，了解白坪的风土人情，培养幼儿热爱家乡的美好情感。通过欣赏竹丝画帘和语言活动《剪纸歌》，感受传统文化，陶冶幼儿情操，激发民族自豪感；将乡村节日融入健康活动，可以培养幼儿团队精神和竞争意识；“自行车骑游赛”让幼儿建立快慢的概念，学习用序数表达名次；通过创编儿歌让幼儿歌颂白坪新农村建设，使爱家乡的感情得到升华！

主题网络图

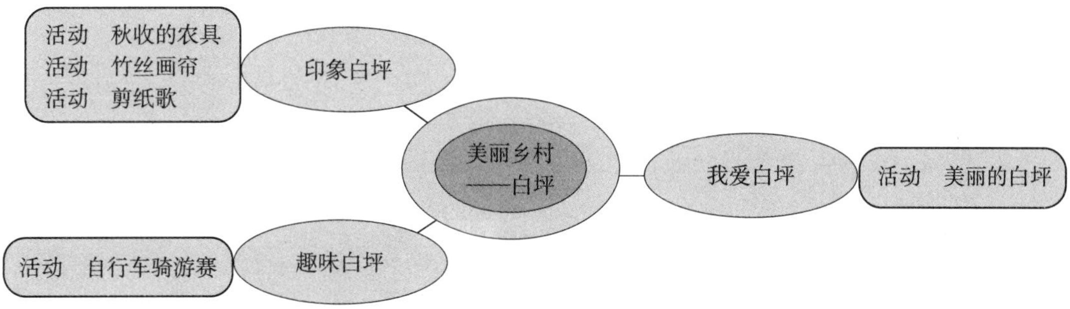

主题环境布置与活动参考

●集体活动“秋收的农具”后，可将幼儿画的农具图片展示出来。

●集体活动“竹丝画帘”后，可将幼儿装饰的竹丝画展示出来。

●集体活动“剪纸歌”之后，教师可组织幼儿自己动手剪一些简单的图案，将它们展示出来，鼓励幼儿互相交流学习。

●区域活动“美丽的白坪”中，教师可以将幼儿的作品展示出来，鼓励幼儿互相学习。

区域规划

区域名称	区域布置与活动参考
美工活动区	白坪房子图片若干、各种彩纸、安全剪刀、油画棒、马克笔、水彩颜料等。

活动一 秋收的农具

活动形式 ●集体○区域○日常○亲子

重点领域 ○语言●社会○健康○艺术○科学

活动目标

1.认识一些常见的农具，了解它们的基本用途。

2.加深对家乡农俗文化的了解与认识。

3.乐意参与简单的劳动，体验劳动带来的快乐。

活动准备 传统农具图片、机械农具图片。

活动过程

1.设置故事情境。

教师：白坪王爷爷家的土豆成熟了，但是王爷爷年纪大了，要想把土豆收回家可是一件难事儿！小朋友们愿意帮助他吗？（幼儿自由讨论挖土豆的方法）

2.认识农具：锄头、铁锹、簸箕、背篓，并了解基本用法。

（1）找出挖土豆的农具。

教师：这么多的农具，用哪一个才能挖出土豆呢？（幼儿根据已有经验找出锄头和铁锹）你们怎么认识的？用它们干过什么呢？

（2）找出运土豆的农具。

教师：这么多的土豆怎样才能运回王爷爷家呢？（幼儿表达自己的想法）我们看看，用得上哪些农具呢？簸箕、背篓都可以将土豆运回家。（请幼儿模仿使用农具的动作）

3.拓展关于农具的经验。

教师：（出示其他农具图片）在农村还有很多农具，如耕田的犁头、收稻谷时要用到的风车、遮雨的斗笠和蓑衣等。当然除了这些传统的农具外，也有一些新型的机械化农具，有了它们，干活就更省力、更方便了。（出示现代农具图片）幼儿认识现代化的机械农具，如收割机、洒药机等。

活动二 竹丝画帘

活动形式 ●集体○区域○日常○亲子

重点领域 ○语言○社会○健康●艺术○科学

活动目标

1.感知竹丝画帘的精美与特点，了解竹丝画帘的制作过程。
2.探索装饰竹丝画帘的基本技能。
3.萌发对民间文化艺术的兴趣。

活动准备

1.幼儿已有玩竹片的经验。
2.竹片，竹丝画帘制作的视频，一幅竹丝画帘成品。

活动过程

1.幼儿自由玩竹片，引出主题。

教师：你们试一试能用竹片拼成什么？（感知竹丝画帘的原材料）

2.初步感知竹丝画帘的特点。

（1）出示竹丝画帘成品，让幼儿看、摸。感受竹丝画帘的材质和工艺。

（2）欣赏图片，感受竹丝画帘的美。

教师：竹丝画帘是白坪传统艺术珍品，薄如细布，光滑柔软。它是在篾丝编织的竹丝帘上，描绘古代仕女、神话人物、山水花卉、飞禽走兽等的工艺美术品。

3.幼儿观看竹丝画帘制作的视频，激发探索制作竹丝画帘的兴趣。

（1）观看视频，讨论竹丝画帘的装饰方法。

教师：刚才你们看到了竹丝画帘的哪些装饰方法呢？（请幼儿发表自己的意见）

（2）引导幼儿探索用水彩笔、彩纸、水粉装饰竹帘的方法。

活动延伸

美工区可准备竹帘和竹扇等材料，幼儿用自己喜欢的方式装饰。

活动三 剪纸歌

活动形式 ●集体○区域○日常○亲子

重点领域 ●语言○社会○健康○艺术○科学

活动目标
1. 体验、感知童谣的趣味性,愿意并能快乐地朗诵童谣。
2. 根据自己已有的经验对童谣进行创编。
3. 感受剪纸带来的乐趣。

活动准备
1. 安全剪刀、手工纸。
2. 剪纸图片。

活动过程

1. 引导幼儿观察白坪的剪纸图片。

教师:图片上是谁呀?他们在干什么?我们能用剪刀剪些什么有趣的图形呢?

2. 学习童谣。

(1)欣赏童谣,请幼儿说说自己的感受。

(2)教师通过图片和手势帮助幼儿来记忆童谣的内容。

(3)师幼一起完整朗诵童谣。

3. 幼儿根据自己已有经验进行创编活动。

(1)幼儿讨论如何改编童谣。

(2)教师引导幼儿进行童谣改编,例如:哥哥姐姐可以改编成弟弟妹妹。鸡、鸭可以改编成猫和狗。

4. 操作活动:剪纸。

幼儿自由操作,教师巡视并给予适当指导。

附:

剪纸歌

佚名

哥哥姐姐手儿巧,拿把剪刀剪啊剪。

剪只鸡,剪只鸭,剪只青蛙呱呱呱。

活动四　自行车骑游赛

活动形式　●集体○区域○日常○亲子

重点领域　○语言○社会○健康○艺术●科学

活动目标

1. 初步理解快和慢的概念。
2. 学习用序数表示名次。
3. 萌发对数学活动的兴趣，养成爱思考的习惯。

活动准备

1. 记录表、自行车比赛图片、数字贴纸。
2. 哨子。

活动过程

1. 观看白坪自行车骑游比赛，初步理解快与慢。

2. 进行户外竞赛游戏。

游戏规则：老师将幼儿分组竞赛“走”，哨子声响后才能出发，幼儿站在起跑线上，教师站在终点将每个队员的时间记录在表格中。

3. 学习用序数表示快慢的名次。

(1)教师记录。

(2)教师：最快的是第一名，谁是第二名？……第五名是谁？请将名次粘贴在对应的名字栏内。

4. 操作幼儿用书，并完成练习。

教师：白坪的自行车骑游赛开始啦，小朋友们，我们一起去当裁判吧。

附：

记录表

姓名(教师记录)					
名次					

活动五 美丽的白坪

活动形式 ●集体○区域○日常○亲子

重点领域 ○语言○社会○健康●艺术○科学

活动目标

1.学会运用粘贴、剪、画等不同方法，表现房子的基本部分和主要特征。

2.萌发对绘画的兴趣，能大胆地按照意愿作画。

活动准备 白坪房子的图片、各种彩纸、安全剪刀、油画棒、画笔等。

活动过程

1.请幼儿选择该区域已经准备好的白坪房子的图片，绘画房子。

(1)你想画白坪哪种房子？

(2)白坪的房子有什么特点？

2.选择同一张白坪房子图片的幼儿为一组，请他们合作完成绘画。

温馨提示：画白坪的房子需要什么材料？要求幼儿根据白坪房子，制作有丰富材料的作品，合作时，幼儿要合理分工，重点表现出白坪房子的基本特征。

大 班

主题1 广安地图

主题说明

随着社会的不断进步，地图不再只是行军打仗时的必备品，它已成为普通老百姓出行时不可缺少的辅助工具。在3~6岁幼儿的学习和生活中，地图很少被持续关注，“广安地图”主题活动的开展，可鼓励幼儿从家乡广安入手，关注广安地图，从地图的标志到生活中的路线，让幼儿感知家乡的美丽，从而激发幼儿热爱家乡的情感。

在“广安地图”主题活动中，我们将和幼儿一同去探索广安地图的秘密。如在“认识广安地图”活动中，运用广安行政地图、广安旅游地图等，让幼儿了解地图的种类和用途，知道广安有前锋、岳池、武胜、华蓥、邻水等区、市、县，能在行政地图上找到其相应的区域位置；活动“请来我家玩”将抽象的地图认识与幼儿的生活经验结合起来，使主题活动内容更加丰富多彩。

主题网络图

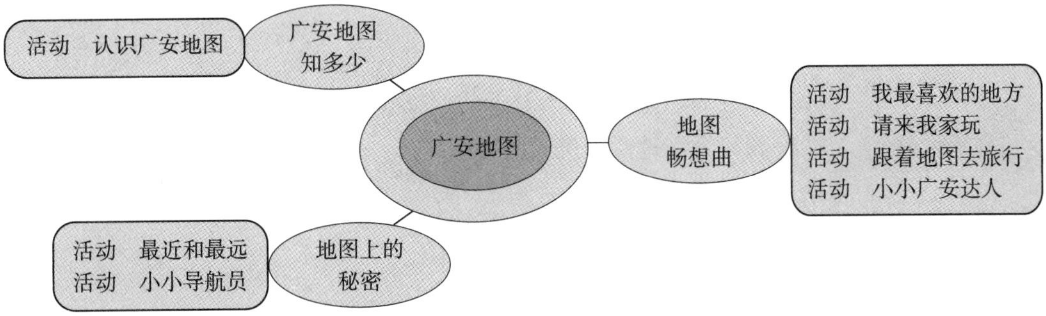

主题环境布置与活动参考

●集体活动“认识广安地图”结束后，将活动使用的中国地图、四川地图、广安行政地图、广安旅游地图等挂图展示在教室一角，供幼儿随时观察。

●区域活动“小小广安达人”开展后，可收集幼儿完成的作品展示在益智区，供幼儿相互欣赏与交流。

●集体活动“最近和最远”进行后，可以将测量的工具放置在科学区域里，供幼儿需要时取用。

●日常活动“我最喜欢的地方”后，请家长与幼儿一起收集亲子出游的图片并制作成照片集，展示在语言活动区，供幼儿自由阅读。

区域规划

区域名称	区域布置与活动参考
角色活动区	收集幼儿出游广安各大景点的照片，布置景点场景，让幼儿自由分配角色进行游戏。
建构活动区	雪花片、乐高玩具、拼组材料、木质积木及幼儿自制地图标志等。
益智活动区	广安景点拼图若干。
语言活动区	日常活动“我最喜欢的地方”，收集亲子旅游照片，供幼儿阅读。 《手绘中国地理地图——中国》(北京理工大学出版社)
科学活动区	软尺、直尺、细绳子、图画纸、卡纸、纸板、吸管、安全剪刀、记号笔等测量长度的工具。

活动一 认识广安地图

活动形式 ●集体○区域○日常○亲子

重点领域 ●语言○社会○健康○艺术●科学

活动目标

1. 认识中国地图、四川地图、广安行政地图，能用语言描述其外形特征。
2. 能找到家乡在地图上的位置。
3. 萌发爱家乡的情感。

活动准备

1. 挂图《广安地图》；广安地图大拼图。
2. 中国地图、四川地图、广安行政地图图片。

活动过程

1. 认识中国地图和四川地图。

教师：你知道这是什么地图吗？它看起来像什么？

2. 认识广安地图。

教师：这又是什么地图呢？它看起来又像什么？请你在这张地图上找一找岳池(武胜、邻水、华蓥、前锋)。地图上的岳池(武胜、邻水、华蓥、前锋)看起来像什么？

3. 幼儿自主阅读幼儿用书上的内容，熟悉广安行政地图。

教师：你能在地图上找到你去过的地方吗？你在去过的地方看见了什么？

4.游戏:找家乡。

(1)游戏规则:将大的广安地图拼图放于活动场地中间位置,当教师发出家乡名称(如岳池、武胜、华蓥、邻水等)指令时,幼儿快速地跑到相应位置并与同伴抱团。还可实时变换幼儿人数升级游戏。

教师:你的家乡在哪里?请你和好朋友一起找找吧。

(2)教师发指令,幼儿与同伴找相应的位置。

活动延伸

请幼儿回家和爸爸妈妈一起在广安地图上找出家乡的位置。

活动二 最近和最远

活动形式 ●集体 ○区域 ○日常 ○亲子

重点领域 ○语言 ○社会 ○健康 ○艺术 ●科学

活动目标

1.能用同一工具对不同路线进行比较测量,并能清楚地表述测量结果。

2.喜欢参与测量活动,乐意运用测量的知识来解决碰到的距离问题。

活动准备

1.教师按精确比例自制的教学楼地图(大图1张、小图7张)。

2.长短不同的笔、绳子、毛线、尺子、吸管等测量长度的工具。

活动过程

1.教师出示教学楼地图,请幼儿判断路线距离的远近。

(1)仔细观察地图,找到需要的位置。

教师:这是我们幼儿园教学楼的地图,你能在上面将我们教室的位置找出来吗?请再找一找幼儿园的大门在哪里。

(2)幼儿判断路线距离的远近。

教师:请仔细观察地图,从幼儿园大门到我们教室有几条路线?哪一条路线最近?哪一条路线最远?

2.幼儿选择测量工具进行测量比较。

教师:刚刚你们的判断都有不同的答案,到底哪条路线最近呢?你们能用这些工具测量出来吗?

教师:你怎么测量?

教师:你可以选择喜欢的工具来测量,并把测量结果记录下来。

教师:请说一说你的测量结果。

3.幼儿用身体实地测量。

教师:除了用工具测量的方法以外,用你的身体可以测量吗?怎样测量呢?现在让我们一起去试一试!

活动延伸

请幼儿回家和爸爸妈妈一起用自己喜欢的工具测量自己所住楼层到小区内最喜欢的地方的路线距离,并做好记录,带回幼儿园与同伴一起分享。

活动三 小小导航员

活动形式 ●集体 ○区域 ○日常 ○亲子

重点领域 ●语言 ●社会 ○健康 ○艺术 ○科学

活动目标

1.运用地图标志寻找路线,养成看地图的习惯。

2.能自信大方地与同伴交流,增强做家乡小小导航员的自豪感。

活动准备

1.物质准备:彩色绘画笔、画纸、小小导航员标志牌、各种地图标志、小平故里景点图片、小平故里旅游地图、小平故里旅游区环境布置图。

2.经验准备:已参观小平故居。

活动过程

1.观察图片,复习认识的地图标志。

教师:你认识哪些地图标志?请说一说。你知道这些标志表示什么意思吗?

2.谈话活动:小平故里旅游路线。

教师:你们都去过小平故里,图片上的地方你们知道吗?请介绍一下。

教师:你到小平故里的旅游路线是怎样的?先到了哪里?后到了哪里?

3.设计小平故里旅游路线图。

教师:将你走过的旅游路线在地图上标记出来。

4.宣传自己设计的路线图。

鼓励幼儿将自己设计的旅游路线图向同伴、老师做宣传。

5.游戏:我是小小导航员。

幼儿分组扮演导航员及游客,导航员按照游客的要求,根据自己设计的小平故里旅游路线图为游客导航。

活动延伸

请幼儿利用周末的时间为爷爷奶奶、爸爸妈妈当小小导航员,带领家人游览小平故里。

活动四　我最喜欢的地方

活动形式　○集体○区域●日常○亲子

重点领域　●语言●社会○健康○艺术○科学

活动目标

1.了解广安的名胜古迹。

2.讲述并用恰当的形容词描述我最喜欢的地方的特点。

活动准备

1.完成学习单“我最喜欢的地方”。

2.每位幼儿参与收集有关在广安名胜古迹旅游的资料。(如自己和家人的旅游照片、明信片等)

活动过程

1.回忆旅游经历。

教师:你的爸爸妈妈带你去广安的哪些地方玩过?你觉得哪个地方最好玩?

2.幼儿根据填写好的学习单进行小组交流。

教师:你是和谁一起到什么地方去旅游的?

教师:在旅游中你看到了什么?听到了什么?做了些什么?

教师:这次旅游的感觉怎么样?

教师:为什么这是你最喜欢的地方?

3.每组请1~2名幼儿代表集中交流,去过这些地方的幼儿也可以补充讲述。

教师:你能在地图上找到你去过的地方吗?

教师:你在去过的地方看见了什么?

4.游戏:我的飞机开始飞。

组织幼儿围圈坐,教师站在中间拍手说“我的飞机开始飞”,全体幼儿整齐地拍手打节奏问“飞到哪里去”,教师双手打开绕圈边跑边回答“飞到小平故里去”,并停在一名幼儿前站定,该幼儿出列接着说“我的飞机开始飞”,其他人齐问“飞到哪里去”……反复进行游戏。幼儿回答的地点不能与前面回答的地点重复,若重复,则游戏结束。

活动五 请来我家玩

活动形式 ●集体 ○区域 ○日常 ○亲子

重点领域 ●语言 ○社会 ○健康 ○艺术 ●科学

活动目标

1.愿意尝试制作符号地图。

2.用正确的方法表达地理方位。

活动准备

1.“请来我家玩”的路线图,符号信若干。

2.彩色笔、蜡笔。

活动过程

1.请幼儿观察路线图,完整讲述心心和佩佩的行动路线。

教师:谁能说一说心心和佩佩是怎么到小明家的?(参考答案见附)

教师:心心和佩佩的路线有什么地方是相同的吗?他们从哪里开始的?

2.出示符号信,阅读符号信并理解符号信的内容。

(1)出示符号信,了解符号信的作用。

教师:这是什么?符号信有什么用处?你能看懂这些符号信的内容吗?

(2)分发符号信,幼儿阅读并大胆讲述符号信的内容。

教师:请你说一说你拿到的符号信说了一件什么事。

3.请幼儿大胆讲述并模仿创作符号信和路线图。

教师:老师也想去你们家玩,怎么用书信的方式邀请我呢?

教师:用什么方式告诉我从幼儿园到你家的路线呢?

教师:从你的家到幼儿园,会经过哪些地方呢?请你与你的好朋友一起说一说。

教师:把你刚才与好朋友讨论的路线图画出来。

4.交流创作的符号信和路线图。

(1)教师抽取一位幼儿的信,尝试读出信的内容,说出行走的路线。然后请这位幼儿核实是否正确,如果不正确,找出是哪里引起了误解。

(2)请幼儿相互交换自己的信件,并向好朋友介绍自己的路线图。

活动延伸

亲子制作从家到思源广场的符号地图,并将制作的符号地图展示在班级里,供全体幼儿观察学习。

附:

心心和佩佩的行动路线

1.心心从家出发后,先沿着长长的河堤一直向前走,路上经过一个公园、一家银行、一家药房,在药房的路口拐进一条街道,又路过一个电影院,就到了小明家,小明家就在电影院旁边。

2.佩佩出了家门之后一直向前走,路过一个酒吧,接着过了斑马线看到一家超市,又过了一个斑马线到了一所学校,接着往前走到商场,再一直向前走,经过药房后拐进一条街道,路过一个电影院后就到了小明家。

活动六 跟着地图去旅行

活动形式 ●集体 ○区域 ○日常 ○亲子

重点领域 ○语言 ●社会 ●健康 ○艺术 ○科学

活动目标

1.会按照地图上的标志进行游戏。

2.练习单、双脚交叉连续跳跃。

3.体验同伴合作游戏的乐趣。

活动准备

1.两种不同路线的地图(地图上标有单、双脚跳跃的标记)。

2.旅行场地布置。

3.游戏背景音乐和小旗。

活动过程

1. 了解旅行路线。

教师:你去旅行过吗?你知道什么是旅行路线吗?请你选择一张你喜欢的路线图。

教师:你认识自己选择的路线图吗?

2. 鼓励幼儿根据路线图布置旅行场地。

教师:从路线图上看,你们需要哪些材料? 这些材料应该怎样摆放呢? 你遇到了什么问题?

3. 尝试用单、双脚交叉连续跳跃的方式通过自己布置的旅行场地,发现问题及时调整。

教师:你们布置的旅行路线和路线图上的一样吗?

教师:你是用什么方式去旅行的?

4. 游戏:我们一起去旅行。

(1)教师讲解游戏规则。

每队幼儿跟着自己的导游去旅行,导游拿小旗出发,利用单、双脚交叉连续跳跃的方式跳过房子,在对面等待自己的游客队员。幼儿要用正确的方式跳过房子去导游处集合,由导游带领大家前往今天旅行的目的地。

(2)幼儿随音乐分组进行游戏。

5. 放松运动。

教师:通过今天的旅行你有什么收获呢?我们一起坐在草地上来谈一谈吧。

活动七 小小广安达人

活动形式 ●集体 ○区域 ○日常 ○亲子

重点领域 ○语言 ○社会 ○健康 ○艺术 ●科学

活动目标

1. 熟悉广安地图,了解各区、县的大致方位。
2. 知道广安当地的著名景点、特产,并能与相应的地区一一对应。
3. 愿意与同伴合作建构作品。

活动准备

1. 广安地图拼板。
2. 广安著名景点、特产的图片。
3. 各种积木、废旧纸盒。

活动过程

1.熟悉广安地图。

教师:你知道这是什么地图吗?

教师:你知道广安地图上有哪些区、县吗?请在地图上找到它们的位置。

教师:请将广安地图拼图拼完整。

2.广安趣事我知道。

教师:图片上的地方你们去过吗?在哪里?

教师:图片上的食物你们吃过吗?这些食物都是不同地方的特产,你们知道是哪里的吗?

教师:请找到图片上景点、特产的出处,贴在对应的地图拼板下面。

3.我是小小广安建构达人。

教师:广安有这么多美丽的地方,你们想把它们修建出来吗?请选择你需要的材料,建构出你喜欢的景点。

教师:请和同伴分享你的建构作品。

活动延伸

将活动中幼儿的建构作品拍成照片在班级展示,供幼儿欣赏、学习。

亲子制作图文游记——小小广安达人,并将制作的游记展示在班级里,供全体幼儿观察学习,宣传美丽的家乡广安。

主题2 广安的江与湖

主题说明

作为广安的孩子，需要了解家乡的自然人文景观，形成对家乡文化的喜爱及保护自然环境的初步意识。广安坐落于江水绕城、湖水如镜之地。江指嘉陵江、渠江，而渠江又为嘉陵江的最大支流。其中，嘉陵江流经广安市武胜县，素有“千里嘉陵武胜最长”的美称。渠江是广安市主干河流，沿岸建有白塔、奎阁等小景观。湖指华蓥天池湖、岳池翠湖、武胜龙女湖、邻水千岛洪湖，其中最为著名的是华蓥天池湖。它是川东地区面积最大、海拔最高的高山湖泊，素有“小西湖”之称，与天山天池、长白山天池并称为全国三大天池。

开展“广安的江与湖”这一主题，可以和幼儿一起欣赏江与湖的美丽景色，感受家乡的风景美，让我们一同去探索江与湖的秘密吧！

主题网络图

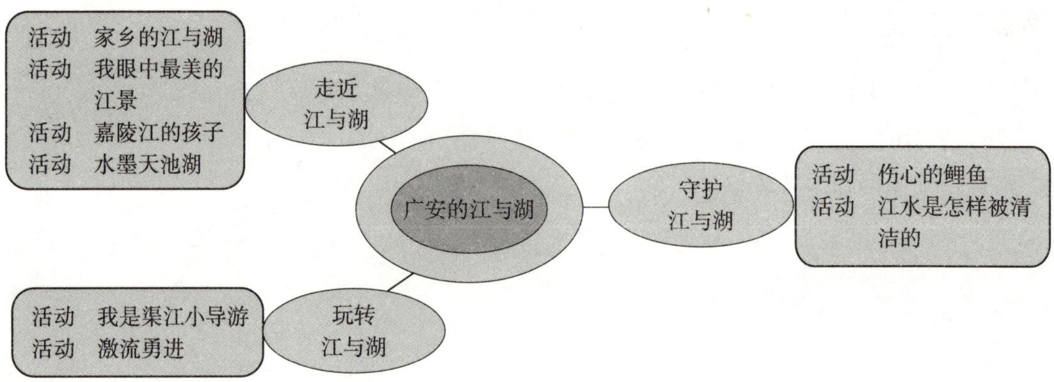

主题环境布置与活动参考

●集体活动“家乡的江与湖”后，将收集到的两江三湖的图片展示出来，让幼儿更了解家乡的江与湖。

●集体活动“水墨天池湖”之后，将幼儿画的天池湖展示出来，让他们相互欣赏。

●集体活动“我是渠江小导游”后，将渠江图片展示出来。

●日常活动“江水是怎样被清洁的”后，将江水清洁方法的图片展示在主题墙上，再让幼儿去了解更多的江水清洁方法，并一起展示。

区域规划

区域名称	区域布置与活动参考
角色表演区	投放渠江景点图片，让幼儿扮演小导游，介绍渠江主要景点。
建构活动区	饮料瓶、塑料管、清洗过的沙子、纱布、蓬松棉包、活性炭、清洗过的小卵石20枚、安全剪刀、钻子。
美工活动区	集体活动“水墨天池湖”后，可将各种水墨画作品、毛笔等投放到该区，幼儿自由创作水墨画。
语言活动区	集体活动“伤心的鲤鱼”后，可将故事内容《伤心的鲤鱼》投放到本区，幼儿可向同伴讲述故事。

活动一　家乡的江与湖

活动形式　●集体○区域○日常○亲子

重点领域　●语言○社会○健康○艺术●科学

活动目标

1.通过游戏，幼儿能初步了解家乡的江与湖并说出它们的名字。
2.通过观察，了解家乡三大湖泊的不同形态和家乡江的名字的由来。
3.能积极开动脑筋思考。

活动准备

1.嘉陵江、渠江、翠湖、天池湖、千岛洪湖的全景图片、名字卡片。
2.湖泊和江的鸟瞰图。

活动过程

1.情境导入。

教师：你去家乡周边的湖泊和江边游玩过吗？去过哪些地方呢？

2.介绍家乡著名的两条江和三大湖泊。

教师：我们家乡有两条江，你们知道它们的名字吗？(家乡有两条江，一条是嘉陵江，另一条是渠江)

教师：我们家乡周边有三个非常美丽的湖泊，有谁知道是哪三个吗？(家乡的三大湖泊是岳池翠湖、华蓥天池湖、邻水千岛洪湖)

3. 结合刚刚看到的图片，请小朋友说说这三个湖泊的特点。

(1)小朋友自由讨论再回答。

(2)请幼儿上台用自己的动作来展示湖泊的形态特点。

(3)再看一组图片，进一步认识湖泊的特点。

4. 讨论家乡的江名字的由来。

嘉陵江：因流经陕西凤县东北嘉陵谷而得名。

渠江：嘉陵江的支流，古称潜水，因潜水纵贯渠县境内，后称为渠江。

5. 游戏(配对)。

出示嘉陵江、渠江、翠湖、天池湖、千岛洪湖的图片和名字卡片，请幼儿两两配对。

(1)教师讲规则及要求。

(2)分发材料。

(3)幼儿操作，教师巡回观察。

活动延伸

将材料投放到教室的益智区，幼儿在区域内再次游戏。

活动二 我眼中最美的江景

活动形式

○集体●区域○日常○亲子

重点领域

○语言○社会○健康●艺术○科学

活动目标

1. 了解刮画特征，学习刮画技巧。
2. 大胆尝试用各种线条与图案创作最美的江景。
3. 享受刮画的新奇感和创作的快乐。

活动准备

1. 嘉陵江和渠江的江景图片、幼儿收集的江景图片。
2. 刮画作品、刮画纸、竹笔。

活动过程

1. 教师出示嘉陵江、渠江的江景图片，请幼儿欣赏，感受江景之美。

教师：图片中的江景好看吗？图中都有哪些江景？

2. 幼儿出示自己收集的渠江或嘉陵江图片，描述自己眼中的最美江景。

教师：你眼中最美的江景是什么样的？

3. 出示刮画作品，引导幼儿了解刮画的特征，讲解刮画的技巧。

教师：这些画和我们平时看到的画一样吗？有什么不同？

教师：这种画是怎样制作的呢？

教师：你知道创作这种画需要什么材料、什么工具吗？

讲解并示范刮画技巧。

4. 幼儿创作《我眼中最美的江景》刮画作品。

5. 幼儿展示并相互欣赏刮画作品。

活动三 嘉陵江的孩子

活动形式 ●集体○区域○日常○亲子

重点领域 ○语言○社会○健康●艺术○科学

活动目标

1. 欣赏歌曲《嘉陵江的孩子》，想象歌曲的意境。
2. 大胆描述儿歌中的情景，乐意与同伴分享。
3. 体会歌曲所抒发的感情，萌发对嘉陵江的热爱之情。

活动准备

1. 歌曲《嘉陵江的孩子》。
2. 嘉陵江宣传片。

活动过程

1. 播放嘉陵江宣传片，幼儿欣赏。

教师：你们知道视频里播放的场景是什么地方吗？在视频里你们都看到了什么？

2. 播放歌曲《嘉陵江的孩子》，幼儿欣赏。

教师：这首歌曲好听吗？听起来感觉怎么样？你在歌曲里听到了什么？你喜欢歌曲里哪一个场景？

3. 请幼儿分组交流自己最喜欢的歌曲片段。

4. 教师小结。

教师：今天我们欣赏了好听的歌曲《嘉陵江的孩子》，体会了歌曲中自豪的情感，你们喜欢嘉陵江吗？请把它介绍给你的家人和朋友吧！

活动四 水墨天池湖

活动形式 ●集体○区域○日常○亲子

重点领域 ○语言○社会○健康●艺术○科学

活动目标

1. 了解国画的绘画特点。
2. 学习用毛笔蘸淡墨画美丽的天池湖。
3. 产生对天池湖的热爱之情。

活动准备

1. 毛笔、宣纸若干，墨汁。
2. 天池湖的美景图片。

活动过程

1. 出示各种水墨画作品，引导幼儿欣赏了解。

教师：这幅画里画了什么？这幅画和你们平常看见的有什么不同？

教师：这些画都是黑白水墨画，你知道画家是用什么材料创作出来的吗？

2. 示范水墨画的技法。

教师：用毛笔蘸淡墨画山水，注意只用笔尖蘸少许，不用蘸很多。

教师：在勾画的时候要注意毛笔的水分的控制。

3. 幼儿操作，教师指导。

4. 幼儿作品展示分享，鼓励幼儿大胆介绍自己的作品。

活动五 我是渠江小导游

活动形式 ●集体○区域○日常○亲子

重点领域 ●语言○社会○健康○艺术○科学

活动目标

1. 知道渠江沿途的主要景点，了解这些景点的独特之处。
2. 能在众人面前大胆介绍渠江的美景。

活动准备
1.幼儿收集的渠江景点资料。
2.奎阁、白塔、渠江大桥景点图片。
3.导游对景点进行解说的视频。

活动过程

1.观看导游对景点进行解说的视频，提出问题，引发幼儿兴趣。

教师：你们想做小导游，为游客介绍渠江的风景吗？

2.出示渠江沿岸的景点图片，幼儿欣赏。

(1)观看渠江图片，说说这是什么景点，你去过吗？

(2)大胆与周围同伴交流，用较完整的语句描述。

3.请幼儿分组讨论说一说喜欢的渠江沿岸景点。

(1)尝试说一说活动前收集的内容。

(2)大胆交流，感受渠江景点的独特之处。

4.角色扮演——我是渠江小导游。

(1)请幼儿扮演小导游，结合图片介绍渠江主要景点。

(2)完整表达，启发幼儿用优美的语句描述。

活动六　激流勇进

活动形式　●集体○区域○日常○亲子

重点领域　○语言○社会●健康○艺术○科学

活动目标
1.练习双脚跳的动作，锻炼身体的弹跳力和动作的协调性。
2.遇到困难时愿意积极想办法解决。
3.喜欢参与活动，富有挑战精神。

活动准备　体操垫、绳子、音乐。

活动过程

1.热身活动。

教师带领幼儿有秩序地进入活动场地，引导幼儿双脚并拢依次跳过由荷叶垫铺成的小道，活动身体，进行热身。

2. 探索体验。

(1)教师提供垫子及绳子,幼儿尝试练习“拉船”向前行进。

(2)动作指导,幼儿练习。

教师讲解动作要领:站在船上的幼儿当听到“一二三,跳”口令时,集体并脚向前跳,拉船幼儿将船向前拖行一步,原船上幼儿集体平稳落在船上,一跳一拖地配合。

(3)教师介绍游戏玩法,幼儿开展游戏。

游戏玩法:将幼儿分为两大组,其中两名幼儿为一小组,一个拉一个跳。以接力的形式反复游戏,看哪一组率先过河。

3. 放松整理。

(1)幼儿随音乐做放松活动。

(2)幼儿将材料归放好,在收纳的过程中避免被绳子缠绕,要注意安全。

活动七 伤心的鲤鱼

活动形式 ●集体○区域○日常○亲子

重点领域 ●语言○社会○健康○艺术○科学

活动目标

1. 了解被污染的水将会对人类、动植物造成危害。
2. 评价故事中角色的行为。
3. 树立保护水资源的意识。

活动准备

1. 故事课件。
2. 水污染的图片数幅。

活动过程

1. 设计悬念。幼儿听音乐观察图片,引出故事《伤心的鲤鱼》。

教师:河里的鲤鱼怎么了?为什么会中毒?

请幼儿做法官,找出毒害鲤鱼的凶手。

2. 看课件,让幼儿带着问题听故事,寻找答案。

教师:伤害鲤鱼的凶手是谁?

教师:黑熊做得对不对,为什么?

3. 出示图片，发现水污染的主要原因。

4. 幼儿联系身边的生活，说一说水污染对人和动植物的危害。

教师：我们喝了被污染的水会怎么样？污水可以浇花、养鱼吗？

5. 幼儿讨论如何保护水资源。

活动八　江水是怎样被清洁的

活动形式　○集体○区域●日常○亲子

重点领域　●语言●社会○健康○艺术○科学

活动目标　1. 了解江水的清洁方法。

2. 树立保护水资源的意识。

活动准备　江水污染前后对比图片、江水清洁方法图片。

活动过程

1. 播放江水污染的图片，让幼儿说说江水污染的危害。

教师：你们知道江水是怎么被污染的吗？江水污染有什么危害呢？

2. 出示图片引导幼儿观察，说说江水的清洁方法。

教师：江水被污染了，有哪些清洁方法呢？使用了什么工具呢？

3. 请幼儿说说还有哪些清洁江水的方法。

教师：你们知道还有哪些方法可以清洁江水吗？我们应该怎么做才能让江水更清洁呢？

4. 教师小结。

主题3 我爱小平爷爷

主题说明

“一九七九年，那是一个春天，有一位老人，在中国的南海边画了一个圈……”，听到这句歌词，我们就会想到一代伟人——邓小平。广安位于四川省东北部，是邓小平同志的故乡，这里山清水秀、景色迷人，作为广安人，我们自豪、我们骄傲，因为这里是领导中国走上改革开放和社会主义现代化建设之路，让中国从此繁荣富强，使人民过上富裕美好的生活的小平爷爷的家乡。

在小平爷爷家乡成长的孩子们，也要学习小平爷爷的胆略与睿智。在“我爱小平爷爷”这个主题活动中，我们向孩子介绍小平爷爷的求学之路、小平爷爷的革命生涯，引导孩子了解小平爷爷小时候的生活，学习小平爷爷刻苦、不畏艰难的品质；在小平爷爷的改革成果中不仅记录了广安的变化，也让孩子们通过“七子之歌”感受小平爷爷提出的“一国两制”政策所带来的变化；在感恩小平爷爷中，让孩子们以书信的形式表达对小平爷爷的缅怀之情。

通过“我爱小平爷爷”这一主题从多方面认识小平爷爷，学习小平爷爷的优秀品质，激发孩子对小平爷爷的思念及感恩之情。

主题网络图

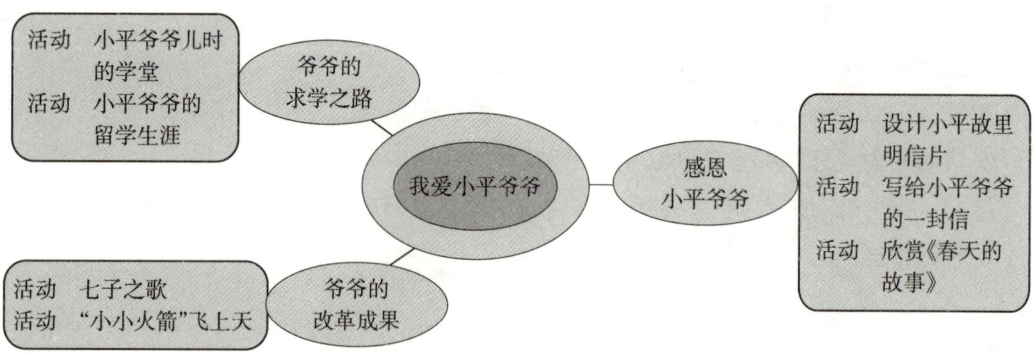

主题环境布置与活动参考

●集体活动“小平爷爷儿时的学堂”后，将幼儿画的翰林院子展示出来，让幼儿互相欣赏，增强他们的自信心。

●集体活动“设计小平故里明信片”后，将幼儿设计的作品展示出来，鼓励幼儿向其他小朋友介绍自己的明信片。

●集体活动"'小小火箭'飞上天"后,将幼儿制作的小火箭摆放在美工活动区中,供幼儿随时游戏。

区域规划

区域名称	区域布置与活动参考
角色活动区	各种玩具枪,红军的帽子、服装、包包、鞋子等,丛林草地,废旧瓶子若干,沙包若干,其他辅助材料。
建构活动区	各种尺寸不同的积木、纸盒、小红旗、地垫等辅助材料。
美工活动区	各种彩色折纸、安全剪刀、水彩笔、胶棒等辅助材料。
益智活动区	各种颜色的气球、大小不一的矿泉水瓶、拉罐瓶、绳子、双面胶等辅助材料。

活动一　小平爷爷儿时的学堂

活动形式　●集体○区域○日常○亲子

重点领域　●语言○社会●健康○艺术○科学

活动目标

1.初步了解翰林院子的由来。
2.感知翰林院子的建筑特点,尝试用线描创作翰林院子。
3.向小平爷爷学习,做一个勤奋好学的好孩子。

活动准备

1.翰林院子私塾外部及内部图片、介绍翰林院子私塾的视频。
2.黑色勾线笔、图画纸若干。

活动过程

1.仔细观察翰林院子图片。

教师:这个院子有什么特点?和我们现在的房子有什么不同?(四合院、川东民居建筑风格)它用到了什么材料?(木材)你觉得这个房子是用来做什么的?你是怎么看出来的?

2.观看视频,了解翰林院子的由来以及小平爷爷学习时的故事。

教师:翰林院子以前是谁的旧居?后来为什么改名为翰林院子?猜一猜,小平爷爷在学堂时是如何学习的?

3.自由创作,教师巡回指导。

教师:刚才认识了翰林院子,一起来回忆一下翰林院子是什么样子的?让我们用笔画出我们心中的翰林院子吧!

4.作品交流展示,互相欣赏。

活动二 小平爷爷的留学生涯

活动形式 ●集体○区域○日常○亲子

重点领域 ●语言●社会○健康○艺术○科学

活动目标

1.了解小平爷爷在法国的求学经历。

2.学习小平爷爷自力更生、坚持不懈的精神。

活动准备 小平爷爷留学生涯相关照片、PPT。

活动过程

1.观看PPT,了解小平爷爷的留学生活。

教师:小平爷爷留学的地方在哪里?(理解留学的含义)留学期间遇到了哪些困难?他是怎样解决的?

2.分组讨论。

教师:小平爷爷勤工俭学做了哪些工作?(理解勤工俭学的含义,工作:铸铁、当鞋匠)

3.分享自己在家里做过哪些力所能及的事情。

4.小结。

小平爷爷在留学期间通过自己的努力,克服困难,解决了生活中遇到的问题,我们也要学习小平爷爷在遇到困难时不放弃的精神。

活动三　设计小平故里明信片

活动形式　●集体○区域○日常○亲子

重点领域　○语言●社会○健康●艺术○科学

活动目标

1. 了解明信片的特点和作用。
2. 尝试用绘画、粘贴等形式设计、制作明信片。
3. 为家乡广安感到自豪，萌发热爱家乡的情感。

活动准备

1. 家长、教师与幼儿共同收集各种明信片，了解明信片的相关知识。
2. 卡纸、水彩笔、安全剪刀、印章；课件《美丽的小平故里》。

活动过程

1. 观看课件《美丽的小平故里》。

教师：你们觉得小平故里美吗？你最喜欢哪个地方？小平故里这么美，你们想把它介绍给你的好朋友吗？用什么方法呢？今天，我们一起将景点制作成明信片介绍给好朋友。

2. 观察明信片，了解明信片的特点，知道明信片的作用。

教师：明信片有哪些形状？上面有什么内容？有什么作用？

3. 尝试制作明信片，教师巡回指导。

(1)你准备怎样设计你的明信片呢？

(2)引导幼儿思考如何布局画面。

4. 作品展示，欣赏并评价。

教师：你的明信片是小平故里哪个地方？里面有什么内容？是怎么制作的？

教师：你想要把明信片送给谁？想对他说什么？

5. 与同伴互赠明信片。

活动四　七子之歌

活动形式　●集体○区域○日常○亲子

重点领域　○语言●社会○健康●艺术○科学

活动目标 1. 理解歌词，学唱歌曲。
2. 激发幼儿的爱国之情。

活动准备 1. 歌曲《七子之歌》。
2. 香港、澳门的区旗、区徽以及富有代表性的建筑图片；香港、澳门回归前后的照片以及香港、澳门回归时的视频。

活动过程

1. 观看香港、澳门回归时的视频，认识特别行政区——香港、澳门。

2. 欣赏歌曲《七子之歌》，熟悉旋律。

3. 播放歌曲《七子之歌》，理解歌词。

教师：你们从这首歌中听到了什么？歌曲中母亲、孩子分别指的是谁？

4. 集体学唱歌曲。

（1）教师范唱歌曲。

（2）幼儿整首跟唱。

（3）尝试领唱和伴唱。

5. 比较图片，对比香港、澳门回归前后的变化。

活动延伸

让幼儿回家与父母一起了解香港、澳门，增进幼儿的爱国之情。

活动五 “小小火箭”飞上天

活动形式 ●集体○区域○日常○亲子

重点领域 ○语言●社会○健康○艺术●科学

活动目标 1. 在实验中探索火箭升天的基本原理，感受科学的神奇，萌发对科学的兴趣。
2. 了解我国科技的发展和进步，为祖国的强大感到自豪。

活动准备 1. 视频：“嫦娥四号”“玉兔号”升天实录。
2. 气球、废旧物品、矿泉水瓶、卡纸、安全剪刀、双面胶等。

活动过程

1.简单介绍改革开放政策。

2.欣赏视频，教师简单介绍“嫦娥四号”“玉兔号”的基本情况。

(1)这是什么？它是怎样发射的？

(2)“玉兔号”最后着落在哪里？它的主要工作是什么？

(3)小结：“玉兔号”是中国首辆月球车，这只顽强的“小兔子”本来设计寿命只有3个月，最终它完成了31个月的工作，顽强的“兔子”在生命的最后一刻传送着月球土壤的分析数据，这种顽强不息、战斗不止的精神，也是值得我们学习的。

3.教师提供气球，幼儿在实验中探索火箭升天的基本原理。

(1)接下来，我们来试一试如何让气球飞上天。

(2)幼儿人手一只气球，自由探索。

(3)小结：把气球吹满气，把口捏紧朝下，然后快速松手。

4.幼儿再次带着问题操作、尝试。

教师：如何才能让气球飞得更高呢？

5.教师提供操作材料，幼儿自由设计，教师巡回指导。

6.幼儿和同伴分享自己的作品。

(1)你们的“小火箭”飞起来了吗？

(2)用到了哪些材料？

7.教师小结：我们要做爱思考的孩子，为祖国的科技发展献出一份力量。

活动六　写给小平爷爷的一封信

活动形式　●集体 ○区域○日常○亲子

重点领域　○语言●社会●健康○艺术○科学

活动目标

1.了解书信的基本格式。

2.用图画、符号、文字等形式写信，表达对小平爷爷的缅怀之情。

活动准备

1.有关介绍书信格式的PPT,水彩笔、一封书信、白纸。

2.对小平爷爷的事迹有一定的了解。

活动过程

1. 观看PPT,了解书信的基本格式。

教师:小小邮递员送来一封信,我们一起打开信来看看。

教师:这封信上有什么信息?它们是放在信的哪些位置的?

2. 自由讨论怎样写信。

教师:可以用什么方法来写信?不会写字,怎么办?(引导幼儿说出,写信时遇到不会写的字,可以利用绘画或粘贴图片、字宝宝的形式来表达心中所想)

(2)我们还有很多字不会写,怎么办?

3. 观看小平爷爷的图片,给小平爷爷写信。

教师:上次我们参观了小平故居,小平爷爷在你心目中是一个怎么样的人?你们有什么话想对小平爷爷说?把想对小平爷爷说的话写在信里面,好吗?

4. 用图画、符号、文字等形式写信,教师巡回指导。

5. 分享书信的内容。

活动延伸

开展社会实践活动:带幼儿参观邮局,了解邮政人员的工作及寄信的流程,将写好的信寄出去。

活动七 欣赏《春天的故事》

活动形式 ●集体○区域○日常○亲子

重点领域 ○语言●社会○健康●艺术○科学

活动目标

1. 欣赏音乐,感受作品优美的旋律。

2. 理解歌词,激发对小平爷爷的感恩之情。

活动准备

1. 改革开放前后变化的图片、改革开放后的视频。

2. 歌曲《春天的故事》。

活动过程

1. 欣赏音乐《春天的故事》,感受优美的旋律。

教师:音乐好听吗? 听完这首歌曲你有什么感受?

2.观看图片,理解歌词的内容。

教师:歌曲里歌颂的老人是谁? 他画圈的地方是我们中国现在的哪个城市?

教师小结:这首歌曲主要赞扬的是小平爷爷,小平爷爷是我国改革开放的总设计师,因为小平爷爷敢想、敢闯、敢做,所以在他的指引下,深圳由原来的小村庄变成了现在的国际化大都市。

3.分段欣赏《春天的故事》。

教师:你们还听到了什么? 我们应该怎样向小平爷爷学习?

4.完整欣赏歌曲,随着音乐自由表演。

5.观看欣赏图片和视频,了解改革开放后祖国的变化。

主题4 红色华蓥

主题说明

华蓥山游击队和经典革命小说《红岩》中的革命烈士由中国共产党川东临时工作委员会领导，他们在中国共产党的领导下开展革命活动。因此在中班“华蓥山游击队”主题活动的基础上，大班“红色华蓥”主题活动将从“华蓥山游击队”向“红岩”延展，让幼儿从另一个角度来了解革命英雄人物，懂得幸福生活来之不易，自觉接受红色教育。

大班“红色华蓥”主题活动分为“华蓥山游击队”“传奇游击战”“红岩英雄故事”“我是红岩娃娃”四个部分。我们延续中班对游击队的了解，让幼儿感知游击队艰苦的生活和积极乐观的大无畏革命精神，让幼儿喜欢上一个个鲜活的英雄人物，培养幼儿崇敬英雄的情感。此主题需亲子出行，走进游击队遗址，带孩子到重庆渣滓洞、白公馆参访，让孩子在红色文化熏陶中健康成长。让我们和幼儿一起铭记艰难岁月中先辈们为追求幸福生活不怕困难、不畏牺牲的感人事迹，让我们一起缅怀革命英烈，传承红岩精神吧。

主题网络

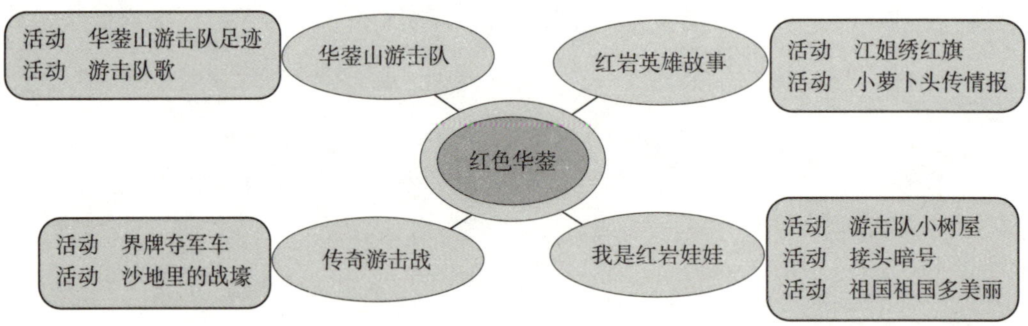

主题环境布置与活动参考

●在集体活动“华蓥山游击队足迹”后，将“华蓥山游击队活动示意图”展示出来，供幼儿看看、说说，以加深幼儿对游击队活动范围的理解。

●在集体活动“游击队歌”后，将游击队员的照片展示出来，以便幼儿了解游击队员积极乐观、不畏困难的精神。

●集体活动“界牌夺军车”，幼儿复述故事，家长记录，可将家长记录单展示出来。

●集体活动“接头暗号”后，将幼儿设计的暗号展示出来，供幼儿参考学习。

●集体活动“祖国祖国多美丽”后，可展出对比性照片，让幼儿看看、说说，从而培养爱家乡爱祖国的情感。

区域规划

区域名称	区域布置与活动参考
角色活动区	沙池、各种工具、各种战壕图片。
建构活动区	树枝若干，绳子、剪刀、记号笔、纸。
益智活动区	制作好的藏宝图若干张，军旗、象棋、五子棋各一套。
语言活动区	图画书投放：《世界枪械图鉴》《华蓥山游击队传奇》《红嫂》《鸡毛信》《国旗》。

活动一 华蓥山游击队足迹

活动形式 ●集体○区域○日常○亲子

重点领域 ○语言●社会○健康○艺术●科学

活动目标
1. 知道华蓥山游击队作战地点，并在地图中标注出来。
2. 体会游击队作战时不怕艰苦、不怕困难的精神。

活动准备 华蓥山地图。

活动过程

1. 认识华蓥山地图。

教师展示华蓥山地图，让幼儿初步了解华蓥山的相关知识。

2. 了解华蓥山游击队主要战役。

由第五工委领导的代市、观阁起义；由第八工委领导的武胜、岳池边境的三溪起义；由第七工委领导的岳池伏龙起义；由王璞直接领导的合川金子、武胜石盘起义；由第六工委领导的渠县龙潭起义。

3. 师幼共同在地图中将这些起义的地点标注出来。

4. 观察地图标记的位置，了解游击队作战的艰辛、艰苦和不怕困难的精神。

教师:看了游击队的作战地点,你有什么样的感觉?

教师:除了这些作战地点,还有很多很多的作战地点。那时交通极为不便,游击队作战全靠步行,吃的穿的都很少,条件特别艰苦,游击队为我们的解放做出了巨大贡献。

活动二 游击队歌

活动形式 ●集体○区域○日常○亲子

重点领域 ○语言○社会○健康●艺术○科学

活动目标

1.欣赏大型音乐舞蹈史诗《东方红》中的《游击队歌》,感受音乐以及舞蹈意境。

2.根据《游击队歌》内容进行创造性的表演。

3.学习游击队队员在艰苦环境中的积极乐观精神。

活动准备

1.《游击队歌》舞蹈表演视频,即1964年音乐舞蹈史诗《东方红》原声选段《游击队歌》。

2.游击队服装。

活动过程

1.欣赏大型音乐舞蹈史诗《东方红》中《游击队歌》的舞蹈表演视频,引导幼儿感受舞蹈表达的意境。

教师:这首歌是《游击队歌》,你在《游击队歌》里听到了什么?游击队当时的作战条件和生活条件怎么样?你知道歌曲里面讲了一个什么样的故事吗?

2.再次欣赏《游击队歌》舞蹈视频,用动作表现游击队员积极乐观的精神风貌。

教师:舞蹈里面的游击队在打仗的时候都有哪些动作?还有哪些动作可以表现游击队员的战斗?

3.幼儿分组表演《游击队歌》。

活动三　界牌夺军车

活动形式 ●集体○区域○日常○亲子

重点领域 ●语言●社会○健康○艺术○科学

活动目标

1. 理解故事内容，知道这个有名事件。
2. 感受游击队员的机智勇敢，以及在困难面前不放弃并克服困难取得胜利的精神。

活动准备 《界牌夺军车》故事，邻水和广安交界的地图，界牌夺军车遗址图片。（故事源于《华蓥山游击队传奇》，中国文联出版社2014年9月出版）

活动过程

1. 导入。

（1）教师出示图片。

教师：界牌什么意思？（两个地方交界的位置，立上牌子，就是界牌。故事里即邻水、广安交界的地方）

教师：军车是运送与军队相关的人和物的车子。《界牌夺军车》是讲述游击队员机智勇敢的故事，让我们一起来听一听吧！

（2）教师讲述故事。

教师：故事里有谁？发生了什么事？

2. 教师利用图片，帮助幼儿理解故事。

教师：游击队为什么要夺敌人的军车？

教师：游击队是怎么做的？（设下埋伏）结果呢？（截获了军车，为战士们添置了作战物资）

教师总结：游击队员机智勇敢，在困难面前不放弃，克服困难取得胜利。

活动延伸

回家给家人讲述这个故事，利用周末去亲自看看界牌夺军车遗址。

活动四 沙地里的战壕

活动形式 ○集体●区域○日常○亲子

重点领域 ○语言●社会●健康○艺术○科学

活动目标 学习深挖、压、拍等技能,合理借助多种挖沙工具和辅助材料来建构战壕。

活动准备 红旗、蓝旗、用于埋在沙地里的20个玩具、玩沙工具。

活动过程

1. 怎样挖,才挖得快?
2. 借用什么工具挖洞?可以借用哪些辅助材料建构战壕?
3. 怎样挖才能挖得快、深且安全?小心轻放沙子才不会扬起来。
4. 分两组进行游击对战。

活动五 江姐绣红旗

活动形式 ●集体○区域○日常○亲子

重点领域 ●语言○社会○健康●艺术○科学

活动目标

1. 了解国旗颜色、图案的基本含义。
2. 感受江姐英勇无畏、坚贞不屈的革命精神。

活动准备 音乐《绣红旗》(故事源于《红岩》,中国青年出版社;音乐源于歌剧《江姐》)、江姐图片、江姐的故事。

活动过程

1. 欣赏音乐《绣红旗》。

教师:你在歌曲里面听到了什么?革命战士绣红旗时的心情怎么样?

2. 出示国旗，了解国旗的意义。

教师：国旗为什么是红色？国旗的图案是什么？代表了什么？

3. 理解《江姐》的故事内容。

教师：江姐在牢房里遭遇了什么酷刑？江姐是怎么表现的？

教师：大家在牢房里听说中华人民共和国要成立了，心情怎么样？他们做了什么？

教师：如果我们在生活中、学习中遇到困难应该怎么办呢？

活动六　小萝卜头传情报

活动形式　●集体○区域○日常○亲子

重点领域　●语言●社会○健康○艺术○科学

活动目标

1. 了解小萝卜头的生平事迹，并喜欢小萝卜头，知道小小年纪也能为革命事业做贡献。
2. 尝试创编传情报的游戏，能在游戏中解决遇到的困难。

活动准备　《小萝卜头的故事》、挂图、小萝卜头的照片。（故事源于《红岩》，中国青年出版社）

活动过程

1. 出示小萝卜头的照片，请幼儿观察。

教师：你认识他吗？他是谁？这个小朋友有什么特点？猜猜为什么他头大身子小呢？

2. 教师根据挂图讲述小萝卜头的故事，鼓励幼儿用语言描述小萝卜头的形象。

教师：听了这个故事，你觉得小萝卜头是个怎样的人？（小萝卜头在狱中斗争很坚定，是个很勇敢很机智的小英雄。在他身上有一种让敌人害怕的气概）

教师：我们应该向小萝卜头学习什么品质？（爱学习、有礼貌、坚强、不怕困难）

3. 创编传情报的游戏。

教师：小萝卜头为监狱里的叔叔阿姨做了什么事？

教师：如果我这里有一份情报，你要怎样传递才能不被“特务”发现？

4. 分小组进行传情报的游戏。

活动七 游击队小树屋

活动形式 ○集体●区域○日常○亲子

重点领域 ○语言●社会○健康○艺术●科学

活动目标 1. 利用自然材料,通过围合、缠绕、架高、盖顶等方式发展幼儿空间知觉。
2. 体验户外搭建游戏的乐趣,培养合作意识,初步培养幼儿户外生活技能。

活动准备 树枝、大白纸、记号笔、刀、安全剪刀、麻绳、透明胶带等。

活动过程

1. 现场讨论。

教师:你们想用这些树枝做什么呢?(做楼梯、做桌子、做树屋……)

2. 分组讨论并绘制树屋搭建设计图。

教师:大家自由分成两组,分别推选出一名组长。

教师:分组讨论如何利用树枝来搭建树屋并合作制定树屋设计图。

教师:讨论搭建树屋可能还需要哪些材料并收集辅助材料。

3. 小组合作搭建树屋。

4. 总结经验。

教师:哪一组搭得更快? 怎样分工更有效?

教师:我们怎样利用有刺的树枝?

教师:屋顶过重容易垮塌,我们是怎样解决的?

教师:我们以后可以在树屋里玩什么游戏?

活动八 接头暗号

活动形式 ●集体○区域○日常○亲子

重点领域 ●语言●社会○健康○艺术○科学

活动目标 1. 了解游击队接头暗号的作用和方式。

2. 通过图形组合，找到"战友"，并乐意参加接头暗号游戏。

活动准备 在电视里看过接头暗号的片断(经验准备)，一分为二的图片若干。

活动过程

1. 了解游击队员的通讯方式。

教师：游击队员是怎样交换信息的?(纸条、手势、钢笔、书、馒头……)

教师：怎样才能知道对方是战友?(统一口号——暗号)

2. 了解什么是暗号。

彼此约定的互相致意、问候或相认时所用的语言或动作。

3. 游戏"我来问，你来接"。

教师提炼所学儿歌中的部分内容，小朋友们对接。

如：白猫白猫戴黑帽，黑猫黑猫戴白帽；苔花如米小，也学牡丹开……

4. 小小游击队暗号接头。

(1)幼儿自由寻找接头的对象，利用平时所学的儿歌或诗歌，找到自己的游击队战友。

(2)为了进一步确认对方身份，首先要找到图片的另一半并拼接成功，且能对上口号的，才能算是自己的战友。

活动延伸

除了用语言来当暗号传递信息，还可以怎样传递信息？设计出自己的接头暗号。

活动九　祖国祖国多美丽

活动形式 ●集体○区域○日常○亲子

重点领域 ○语言●社会○健康●艺术○科学

活动目标 1. 能够用自然并富有感情的声音演唱这首新疆风格的歌曲。

2. 培养幼儿爱祖国、爱家乡的情感。

活动准备 祖国美丽的风景图片若干，歌曲《祖国祖国多美丽》。

活动过程

1.出示图片导入。

教师：我们美丽的祖国风光优美秀丽。新疆和祖国其他地方一样，十分美丽迷人。今天我们就来学习一首具有新疆风格的歌曲《祖国祖国多美丽》。

2.学唱歌曲。

(1)放音乐，熟悉旋律。

教师：这首歌曲好听吗？我们一起随着音乐来哼唱。

(2)熟悉理解歌词。

教师清唱《祖国祖国多美丽》。

教师：在歌曲里听到了什么？

师幼一起清唱歌曲。

(3)跟着音乐学唱《祖国祖国多美丽》。

3.边唱边跳。

教师：请小朋友唱歌伴奏，老师来跳舞。

教师：我们一起欢快地唱起来、跳起来吧！

主题5 岳池曲艺

主题说明

曲艺是中华民族各种“说唱艺术”的统称，是由民间口头文学和歌唱艺术经过长期发展，演变形成的一种独特的艺术形式。据不完全统计，至今活跃在中国民间的各族曲艺曲种约有400个。岳池曲艺是岳池农家文化的重要组成部分，历史悠久，种类繁多，一直深受广大人民群众的喜爱，2007年9月，岳池荣获“中国曲艺之乡”称号，成为西南四省市唯一获此殊荣的城市。

连厢、车灯、快板、三句半等多种表演形式尤为本地幼儿所熟知，他们在日常生活、祖辈相传、群众娱乐以及节日庆祝中对此都有所了解。孩子们未来的发展空间很广阔，在“岳池曲艺”主题活动中，通过“走近岳池曲艺”“制作曲艺小道具”“我是小小曲艺家”三大板块的学习，不仅能让幼儿获得丰富的岳池曲艺知识，同时能学习到岳池曲艺表演的基本技能。让我们和幼儿一起去探索吧，共同领略这份民间文化的魅力！

主题网络图

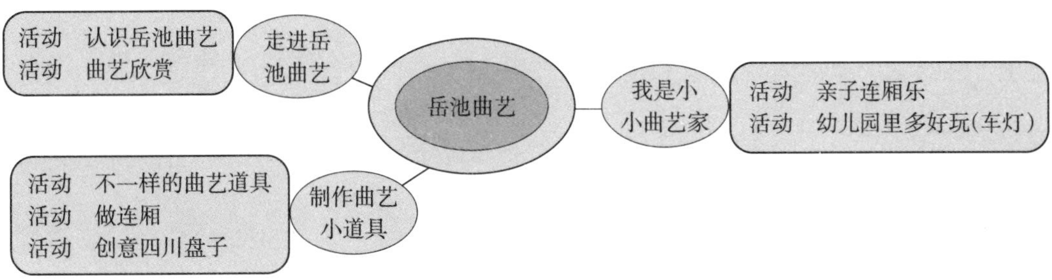

主题环境布置与活动参考

●集体活动“认识岳池曲艺”以及日常活动“曲艺欣赏”“不一样的曲艺道具”中观察、使用到的图片，可以打印并展示出来，幼儿了解到的曲艺道具也可以展示出来，可以让幼儿在其他时间段继续观察、欣赏、讨论。

●区域活动“做连厢”以及“创意四川盘子”中，幼儿会制作表演道具，在了解传统的基础上进行创新，可将作品图片在教室走廊或墙面上进行展示。

●亲子活动“亲子连厢乐”中，教师可将幼儿和家长共同制作的连厢作品展示在走廊上，亲子共同表演的图片也可以布置在墙面上。

●集体活动“幼儿园里多好玩(车灯)”中,教师可在教室挂上灯笼、鞭炮等,营造出春节或灯节的节日氛围。

区域规划

区域名称	区域布置与活动参考
角色活动区	集体活动“认识岳池曲艺”以及日常活动“曲艺欣赏”“不一样的曲艺道具”后,在本区域投放活动所需的打击乐器,幼儿边说边表演。 亲子活动“亲子连厢乐”后,可将音乐及连厢道具投放在本区域供幼儿创编更多动作进行表演。
美工活动区	参考快板《排排坐》的表演道具,利用竹片做快板。 活动“创意四川盘子”:圆形白瓷盘、各色马克笔、竹筷。 活动“做连厢”:竹棍、小铜钱或铃铛、装饰纸、彩条。
语言活动区	将曲艺道具图片打印装订成“岳池曲艺道具图集”供幼儿阅读。

活动一 认识岳池曲艺

活动形式 ●集体 ○区域 ○日常 ○亲子

重点领域 ○语言 ●社会 ○健康 ○艺术 ○科学

活动目标
1.初步了解岳池曲艺的多种表演形式。
2.感受曲艺说唱的韵律美。

活动准备 岳池曲艺的相关图片及表演视频。

活动过程

1.幼儿讲述了解到的岳池特色。

教师:你们知道广安市岳池县吗?你知道岳池有哪些特色吗?

2.幼儿观看图片,感知岳池曲艺的不同表演形式。

教师:图片上的人们在干什么?他们是怎样表演的?

教师:图片上的表演形式有“车灯”“连厢”“快板”“三句半”。

3.观看岳池曲艺表演视频，让幼儿初步了解岳池曲艺。

教师：岳池曲艺历史悠久，形式多样。它是用说说唱唱的形式，再加上各种道具进行的表演。曲艺中的各种形式在当地人民生活、娱乐以及节日中都经常出现，深受大家喜爱。在2007年，岳池荣获“中国曲艺之乡”的称号，成为西南四省市唯一获此殊荣的城市。

4.幼儿说一说观看后的感受。

活动二　曲艺欣赏

活动形式　○集体 ○区域 ●日常 ○亲子

重点领域　○语言 ○社会 ○健康 ●艺术 ○科学

活动目标　1.欣赏岳池曲艺的不同表演形式。
2.尝试用肢体动作表达自己的情绪。

活动准备　车灯、快板、四川盘子表演视频片段，各种曲艺表演图片。

活动过程

1.请幼儿观察图片，介绍了解到的岳池曲艺。

教师：你看到的岳池曲艺有哪些形式？

教师：你平时生活中看过这些表演吗？

2.播放表演视频，引导幼儿逐一欣赏。

(1)连厢：一个基本唱腔，上下两句反复循环，一人唱众人帮。用竹棍轻击肩、臂、腰、腿各部，形成优美舞姿。

(2)车灯：一句唱词有七个字，一人主唱，众人帮唱“金钱梅花落”“荷花闹海棠”。边演唱边用“四块瓦”配合打击节奏。

(3)快板：也叫“莲花闹”，用竹板打击节奏，有韵律地进行诵读表演。

(4)四川盘子：手夹竹筷敲击盘子，演唱民歌小调，边打边唱边跳进行表演。

3.幼儿尝试跟随视频音乐用肢体动作表达快乐的情绪。

教师：你听到这些音乐感觉怎么样？用你喜欢的动作来跳一跳。

活动三 不一样的曲艺道具

活动形式 ○集体 ○区域 ●日常 ○亲子

重点领域 ●语言 ○社会 ○健康 ●艺术 ○科学

活动目标

1.认识多种曲艺表演道具。

2.尝试用语言生动描述曲艺道具的特点。

活动准备 实物:连厢、四块瓦、快板、锣、鼓、镲。

活动过程

1.幼儿观察实物,初步认识曲艺表演道具。

教师:你认识这些曲艺表演道具吗?选出你喜欢的。

2.介绍曲艺表演道具,请幼儿描述。

(1)逐一展示曲艺表演道具实物。

教师:你知道这些道具的名字吗?

(2)幼儿观察,用语言来描述各个道具的特点。

教师:听听它发出什么声音,说说它有什么特点。(外形、声音、演奏方式)

3.幼儿分成若干小组,体验曲艺表演道具带来的乐趣。

活动四 做连厢

活动形式 ○集体 ●区域 ○日常 ○亲子

重点领域 ○语言 ○社会 ○健康 ●艺术 ○科学

活动目标

1.学习制作连厢。

2.尝试用不同的美工材料装饰连厢。

活动准备

1.多种连厢道具。

2.细竹棍(60cm长,两头挖孔),铃铛、小铜钱若干,装饰纸,彩条,双面胶,细绳。

活动过程

1. 教师出示连厢道具，引导幼儿观察认识，交流讨论。

教师：它是什么？它由哪些部分组成？

2. 请幼儿观察连厢道具，讨论制作方法。

教师：连厢，又称莲枪、花棍、金钱棍，用一根细竹棍制作，棍子中间挖一个孔嵌入四五个铜钱或者铃铛，摇动棍子，铜钱或铃铛会“哗哗”作响。它的表面涂以红、黄、蓝等色装饰，棍两端系扎若干彩色绸布细条为穗，十分漂亮。

教师：看看不同的连厢都是怎样装饰的？

教师：你想制作什么样的连厢？

3. 教师展示制作材料，鼓励幼儿大胆制作。

4. 发放材料，幼儿动手操作，鼓励幼儿合作互助。

5. 分享劳动成果，交流制作经验。

教师：在制作的过程中，你遇到了什么困难？是怎么解决的？

活动五 创意四川盘子

活动形式 ○集体 ●区域 ○日常 ○亲子

重点领域 ○语言 ○社会 ○健康 ●艺术 ○科学

活动目标

1. 尝试用不同图案、颜色及材料装饰道具。
2. 感受四川盘子的图案美、色彩美。

活动准备

1. 四川盘子道具。
2. 幼儿收集生活中的瓷盘图片。
3. 圆形白瓷盘、竹筷、各色马克笔、各色颜料、排笔若干、中国结。

活动过程

1. 幼儿观察四川盘子道具。

教师：你看过四川盘子的表演吗？它们用的什么道具？

教师：看看盘子上面有什么花纹？竹筷跟我们吃饭用的筷子有什么不同？

2. 幼儿分组展示自己收集的瓷盘图片，观察并讨论。

(1)观察瓷盘颜色。

教师:它们分别都有什么颜色?它们是怎么搭配的?

教师:同一瓷盘上,用色彩差别大的颜色装饰就显得鲜艳夺目,用同类色装饰就显得清新素雅。

(2)观察图案花纹特点。

教师:这些盘子的花纹都有什么特点?

教师:这些盘子都是设计师和工人们精心制作的,有的突出中心图案,有的装饰边缘,有的图案是对称的,有的图案是按照一定规律排列的。

3.幼儿观察竹筷,讨论如何装饰。

4.请幼儿尝试用自己喜欢的方式来装饰瓷盘、竹筷。

5.欣赏并展示作品。

活动六 亲子连厢乐

活动形式 ○集体 ○区域 ○日常 ●亲子

重点领域 ○语言 ●社会 ○健康 ●艺术 ○科学

活动目标

1.学习使用连厢。

2.体验亲子表演带来的乐趣,增进亲子情感。

活动准备

1.亲子共同制作的道具连厢。

2.连厢表演视频。

3.歌曲《幼儿园里学唱歌》。

活动过程

1.欣赏曲艺表演视频,了解连厢的使用。

教师:你们看过曲艺表演连厢吗?表演中连厢敲击了身体的哪些部位?

教师:连厢表演时,可以用竹棍轻击肩、背、手臂、腰、腿等部位,使棍上的小铜钱或铃铛发出碰撞声。

2.家长与幼儿探索连厢的玩法。

3.请家长带领幼儿一起感受歌曲的节奏和韵律。

教师:仔细听听歌曲《幼儿园里学唱歌》,一共有几句?

4.鼓励家长和幼儿根据歌曲创编动作。

教师:请家长和小朋友一起商量、编排,看看可以用连厢敲击身体哪些部位来表演歌曲?

5.亲子表演。

活动前四个环节可在家中完成,最后一个环节邀请部分家庭在幼儿园表演。

表演动作讲解:

(1)手握连厢中间或一头,可根据舞蹈动作变换手握的位置。

(2)可单手握一根,也可双手握两根。

(3)轻轻敲打肩部及肩部以下部位,如背、手臂、后腰、腿、膝,也可敲击地面,还可以跳起来敲击脚掌。

(4)身体前后左右倾斜,配合踏步、虚步、弓箭步等姿势,边舞边唱。

附:

幼儿园里学唱歌

邓庆贵 词曲

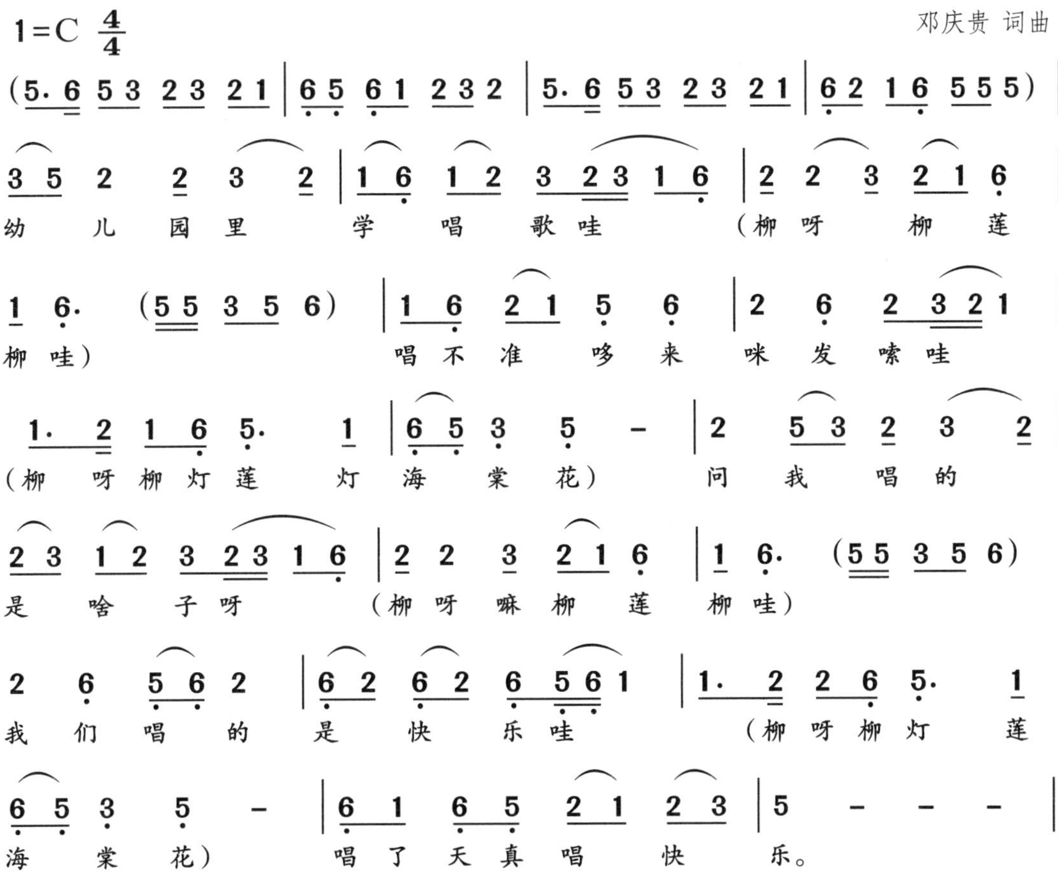

活动七 幼儿园里多好玩(车灯)

活动形式 ●集体 ○区域 ○日常 ○亲子

重点领域 ○语言 ○社会 ○健康 ●艺术 ○科学

活动目标

1. 学习用车灯的表演形式演唱歌曲《幼儿园里多好玩》。
2. 尝试用2/4拍节奏击打乐器“四块瓦”给歌曲伴奏。

活动准备

1. 歌曲《幼儿园里多好玩》。
2. 表演道具四块瓦。

活动过程

1. 请幼儿欣赏《幼儿园里多好玩》,感受歌曲的欢快,了解车灯的表现形式。

教师:这首歌听起来感觉怎么样?每一段都有什么相同的地方?

教师:车灯是一人唱众人和,在每一段中一人唱完前半部分,众人帮唱“金钱梅花落”;等一人唱完后半部分,众人又帮唱“荷花闹海棠”。这两句是车灯表演众人帮唱时的固定歌词。

2. 教师逐句帮助幼儿理解歌曲的全部内容。

教师:上幼儿园之前小朋友在家里做了哪些事?有哪些人帮助了他们?小朋友到了幼儿园里是怎么玩的?心情怎么样?在幼儿园里,老师教给了小朋友什么本领?放学谁接小朋友回家的?

3. 播放歌曲,请幼儿跟唱,同时鼓励他们用车灯道具四块瓦打节奏。

教师:请小朋友跟着音乐学这首歌,用手拍节奏。

教师:请小朋友分别用大拇指和中指控制四块瓦,左右手各拿两片,按2/4拍节奏× × | × ×弹打。

4. 播放音乐,幼儿以多种形式领唱、帮唱。

这首歌曲较长,教师可先进行第一段的教学,其余段落在日常活动中进行巩固。

附:

表演动作说明

(1)四块瓦道具是四块长约二寸多、宽约一寸多的竹板,凸面(有竹青)相对,分握在两只手中。

(2)大拇指压紧一块,中指压紧一块,两块板间保留一公分左右的距离。

(3)弹打时，食指与无名指帮助中指弹打大拇指压着的那块板，叫“打板”；两手相碰，四块板一齐打，叫“碰板”；双手摇动，使四块板的端部相碰，而形成连续不断“的的的的”的响声，叫“摇板”。三种打法加上轻重缓急的变化，可以打出许多不同的花样。

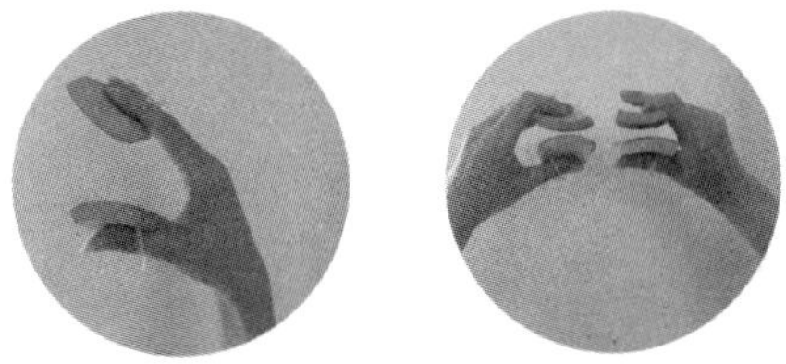

幼儿园里多好玩

（幼儿车灯）

1=C $\frac{2}{4}$ 邓庆贵 词曲

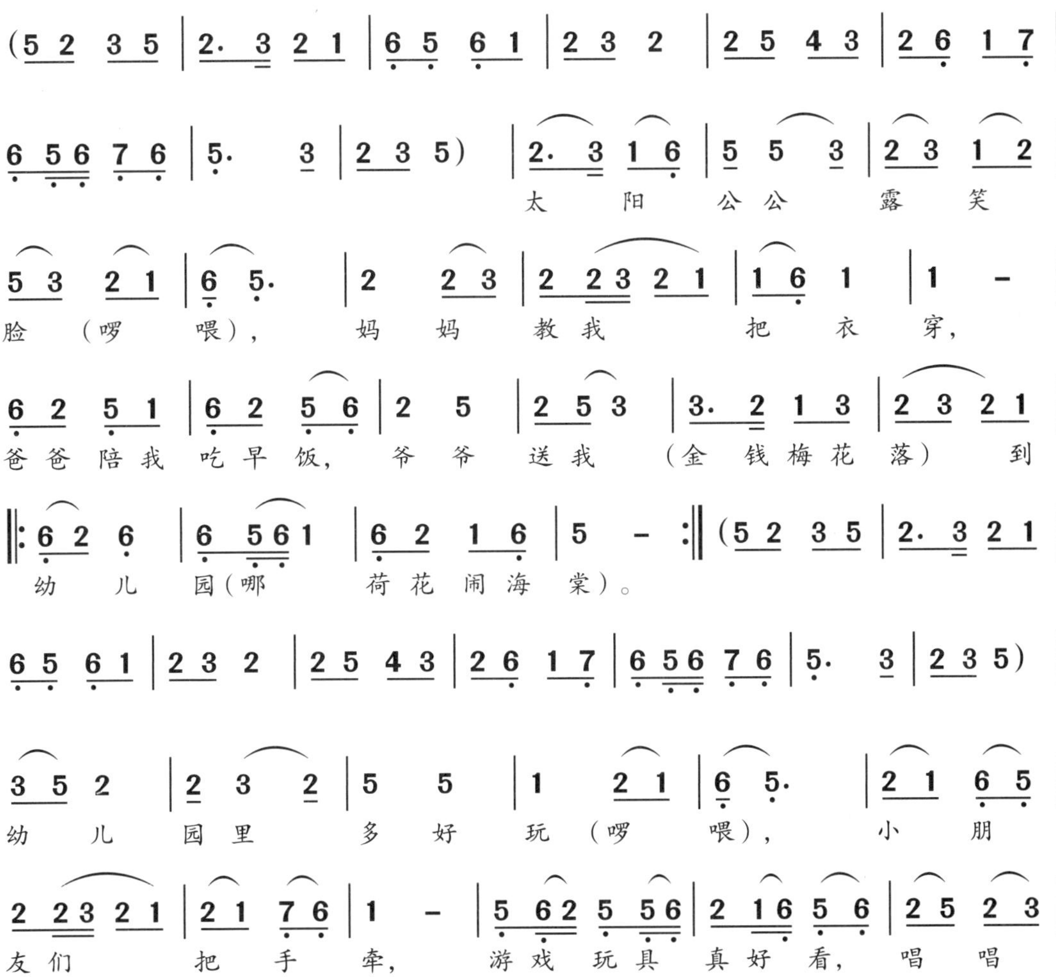

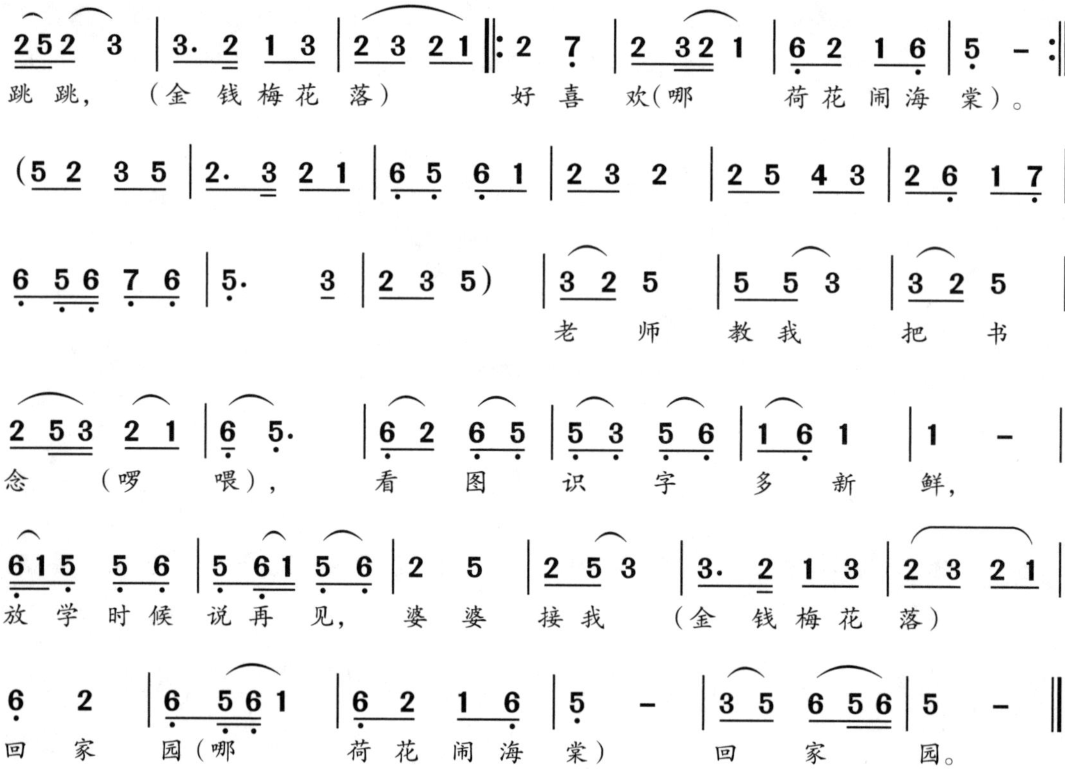
跳 跳，（金 钱 梅 花 落） 好 喜 欢（哪 荷 花 闹 海 棠）。
老 师 教 我 把 书
念（啰 喂），看 图 识 字 多 新 鲜，
放 学 时 候 说 再 见，婆 婆 接 我 （金 钱 梅 花 落）
回 家 园（哪 荷 花 闹 海 棠） 回 家 园。

主题6 武胜麻哥面

主题说明

麻哥面是武胜的特色美食，它柔而不稠，味道独特，以“麻、辣、香、酥、鲜、嫩”而闻名。因为麻哥面辅料较多，荤素搭配合理，其营养全面、味道丰富、口感润滑，所以深受人们的喜爱。而今，麻哥面已走出武胜，走出广安，遍布四川各地。

在“武胜麻哥面”这个主题活动中，我们通过亲自品尝、欣赏观察、动手操作等方式，调动幼儿多种感官参与活动，让幼儿品尝麻哥面的美妙滋味，了解面粉变成面条的知识和技巧，感受麻哥面的制作过程，体验动手操作的快乐，获得愉悦的情感体验。引领幼儿在了解麻哥面饮食文化、获取相关知识和技巧之余，培养幼儿合作与分享的意识，激发幼儿对家乡美食的热爱之情，提升幼儿对饮食文化的认识与理解。

主题网络图

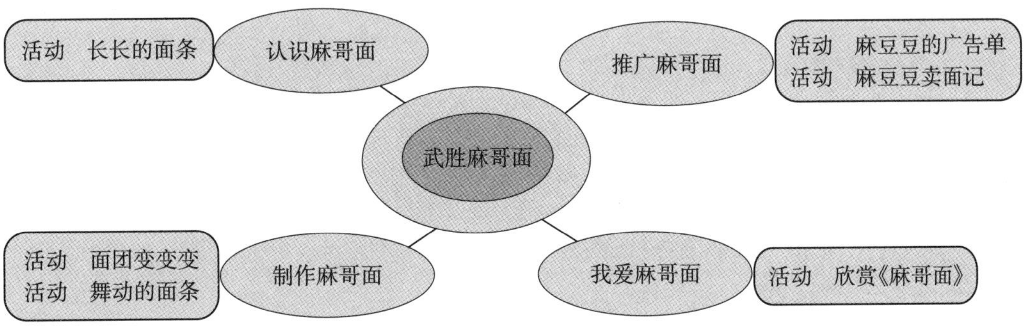

主题环境布置与活动参考

●集体活动“长长的面条”后，教师将幼儿自制面条的图片和绘画作品展示出来，加深幼儿对面条的认识。

●集体活动“麻豆豆的广告单”后，教师将活动中幼儿制作的广告单展示出来，激发幼儿爱家乡美食的情感。

●区域活动“面团变变变”后，将幼儿制作的手工作品展示出来，让幼儿相互交流自己的创作心得。

区域规划

区域名称	区域布置与活动参考
角色活动区	人民币道具若干，面条图片若干，微信、支付宝等支付图片。
益智活动区	白纸、各色卡纸、皱纹纸、画笔、安全剪刀、胶棒等，请幼儿运用各种材料制作广告单、宣传单、海报等。
美工活动区	超轻黏土、纸盘、各色卡纸等。(活动2：面团变变变)
建构活动区	各种尺寸和颜色的积木若干，搭建面馆。(活动5：麻豆豆卖面记)

活动一 长长的面条

活动形式 ●集体 ○区域 ○日常 ○亲子

重点领域 ●语言 ○社会 ○健康 ○艺术 ●科学

活动目标
1.理解故事内容，知道面条可以发生弯曲、盘绕、伸直等变化。
2.尝试创编故事，能大胆讲述。

活动准备
1.相关故事的课件、图片。
2.毛线、彩纸、白纸、水彩笔、双面胶。

活动过程

1.观看图片，师幼对话。

教师：这些面条像什么？它可以怎么玩呢？

2.师幼共读故事。

教师：故事里的小鸟把长长的面条当作了什么？他们是怎么玩的？小狐狸把长长的面条怎么了？小朋友们也想到拿面条当绳子玩了吗？长长的面条一会儿弯弯的，一会儿直直的，可以有很多的变化。

3.创编故事。

(1)幼儿倾听完整故事。

(2)教师：如果你有一根很长很长的面条，会怎么玩呢？今天我们来画一张很有趣的画。两个小朋友合作，商量要用长长的面条做什么，然后画出来，再用毛线、彩纸等材料在画上进行装饰。

(3)幼儿两人一组进行讨论。教师观察、引导，请几位幼儿表述自己的想象。

(4)幼儿大胆想象，自主作画。

(5)分享交流。

活动二 面团变变变

活动形式 ●集体 ○区域 ○日常 ○亲子

重点领域 ○语言 ○社会 ○健康 ●艺术 ○科学

活动目标

1.尝试创作各种形状的面饼。

2.发挥想象，能大胆利用材料装饰面饼。

3.体验创作活动的乐趣。

活动准备

1.面团、擀面杖、装饰好的造型图。

2.各种纸片、稻草、豆子、树叶等装饰材料。

3.安全剪刀、托盘等。

活动过程

1.欣赏图片，激发创作兴趣。

教师：今天来了两位朋友，你们认识吗？这是什么？

2.尝试擀面。

(1)请幼儿观察面团的特征，感受面团的特性：面团摸上去是什么感觉？

(2)请幼儿认识擀面杖，尝试用擀面杖将面团擀出不同的形状：擀面杖怎么和面团玩游戏呢？我们一起来尝试一下。

3.装饰面饼。

引导幼儿用各种材料装饰面饼。

4.幼儿相互欣赏作品。

活动三 舞动的面条

活动形式 ●集体 ○区域 ○日常 ○亲子

重点领域 ○语言 ●社会 ○健康 ●艺术 ●科学

活动目标
1. 了解面条的烹饪过程，知道面条在烹饪过程中发生的形态变化。
2. 尝试用夸张的肢体动作表现不同形态的面条。
3. 爱上麻哥面，喜欢吃麻哥面。

活动准备
1. 煮面条的视频、麻哥面图片、音乐。
2. 面条、大勺及厨师帽。
3. 卡纸剪成的“调料”（盐、葱、辣椒、肉臊子等）。

活动过程

1. 观看视频，了解武胜特色面的名称及特点。

教师：你吃过什么面？（麻哥面、猪肝面、滑肉面等）

2. 感受音乐，用肢体动作表现面条的不同状态。

（1）播放煮面条的视频，幼儿了解煮面条的过程。

（2）欣赏乐曲，并引导幼儿用动作表现音乐。

①欣赏第一遍乐曲。

教师：这首曲子有几段？这三段音乐有什么地方不一样？

②欣赏第二遍乐曲，带领幼儿边听边画音乐表现的线条。

教师：第一段音乐表现的是什么时候的面条？什么动作可以表现直直、硬硬的面条呢？直直、硬硬的面条可以用什么线条表示呢？

依次引导幼儿画出第二段和第三段音乐表现的线条。

③听音乐，自由想象动作，完整表现面条形态。

3. 老师扮演厨师带领幼儿玩煮麻哥面的游戏，并“品尝”面条。

活动四　麻豆豆的广告单

活动形式 ●集体○区域○日常○亲子

重点领域 ○语言●社会○健康●艺术○科学

活动目标
1. 了解广告单上的内容,知道广告单的功能。
2. 能大胆设计广告单。
3. 体验帮助别人的快乐。

活动准备
1. 广告单PPT。
2. 操作材料:白纸、各色卡纸、彩笔、记号笔、安全剪刀。

活动过程

1. 情景导入,引起兴趣。

教师:这个小朋友叫麻豆豆,他的面馆马上要开业了,他想请你们帮助他宣传面馆,你们有什么好办法吗? 你们见过广告单吗? 广告单是什么样子的?

2. 观看PPT,欣赏各种广告单。

教师:这些广告单一样吗? 哪里不一样? 分别是什么形状、颜色?

引导幼儿看一看、说一说广告单上有哪些信息。比如有醒目的标题、广告语、产品图片、电话、地址等,能让人们一眼就知道广告的内容。

3. 设计广告单。

(1)引导幼儿讨论:怎样设计麻豆豆面馆的广告单? 广告单上应该有什么? 如何进行装饰?

(2)幼儿设计制作广告单。

4. 派发自己制作的广告单,帮助麻豆豆宣传面馆。

活动五　麻豆豆卖面记

活动形式 ●集体○区域○日常○亲子

重点领域 ○语言●社会○健康○艺术●科学

活动目标
1. 初步认识人民币，知道钱币可以用来购买商品。
2. 体验自主购物的乐趣。

活动准备
1. 课件（人民币图片、卖面场景）。
2. 创设面馆场景、人民币道具若干、记录表、铅笔、橡皮擦。

活动过程

1. 请幼儿讨论，麻豆豆面馆开业了，需要扮演哪些角色？进行角色分配。

2. 请幼儿选择各种面值的人民币道具，讨论制定不同分量的面条的价格。

3. 请幼儿讨论该怎么付钱，并作好讨论的结果记录。

4. 幼儿进行开面馆游戏。

活动六 欣赏《麻哥面》

活动形式 ●集体○区域○日常○亲子

重点领域 ○语言○社会○健康●艺术○科学

活动目标
1. 感受乐曲欢快跳跃的旋律。
2. 能用语言、动作表达对乐曲的理解。
3. 萌发对本土音乐的喜爱之情。

活动准备 原创音乐《麻哥面》、舞蹈视频。

活动过程

1. 欣赏音乐，相互交流讨论感受，大胆表达自己的想法。

2. 欣赏舞蹈视频。

（1）播放完整《麻哥面》舞蹈视频，感受浓郁的本土文化气息。

（2）交流欣赏后的体验，谈谈自己的感受。

（3）再次欣赏舞蹈，寻找其中喜爱的动作和情节并尝试模仿。

教师：你最喜欢视频中的什么动作？你觉得什么动作最有趣，能试着做一做吗？

教师对幼儿的动作加以提炼，使动作具有美感，同时引导全体幼儿学一学。

3. 跟随音乐，自由创编。

主题7 奇趣盐皮蛋

主题说明

在广安丰富的特产资源中，广安盐皮蛋颇负盛名。走上广安街头，大大小小的餐馆几乎都会将盐皮蛋摆放在十分显眼的位置，供顾客挑选食用。因此，盐皮蛋是孩子们随口便能叫得出名字的特产之一。

在“奇趣盐皮蛋”主题活动中，我们组织幼儿走进盐皮蛋工厂，到每一个车间了解盐皮蛋的加工流程，激发幼儿腌制盐皮蛋和烹饪盐皮蛋美食的兴趣；我们为盐皮蛋设计包装、宣传广告和宣传海报，开展广安盐皮蛋热卖活动，进一步提升幼儿对家乡特产的喜爱之情；我们一起创编儿歌，让幼儿表达对特产的喜爱和对家乡的热爱之情；我们从地图上的广安着手，引领幼儿感知广安在地图上的轮廓和广安的独特物产，让幼儿为家乡感到自豪！

亲爱的小朋友们，让我们一起了解美味的广安盐皮蛋吧！

主题网络图

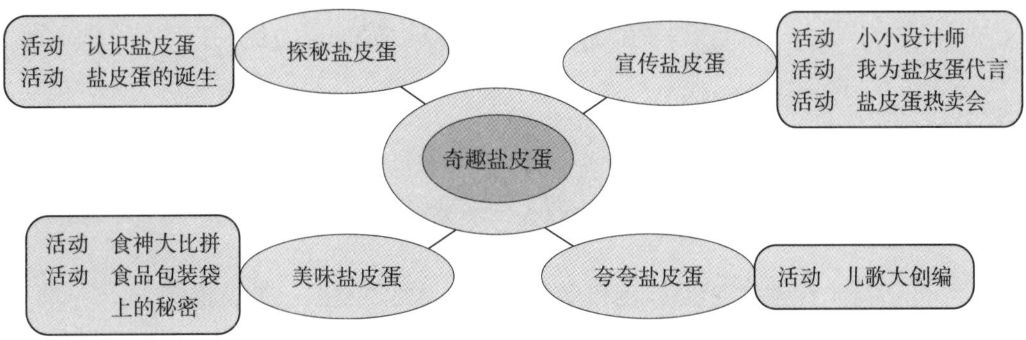

主题环境布置与活动参考

●集体活动“盐皮蛋的诞生”后，将实践活动的照片展示在家园联系栏中，将各个车间的图片配文字展示在主题墙面。

●集体活动“食神大比拼”后，将幼儿制作的泥工美食展示出来。

●集体活动“小小设计师”后，将幼儿设计的盐皮蛋包装箱展示在合适位置。

●集体活动“我为盐皮蛋代言”后，将幼儿现场表演的图片配上他们创编的广告语展示在主题墙面。

●集体活动“盐皮蛋热卖会”后，将幼儿之前制作的海报展示出来。

●亲子活动“儿歌大创编”后，将亲子创编的儿歌张贴在家园联系栏供家长欣赏、交流。

区域规划

区域名称	区域布置与活动参考
角色活动区	导游旗、自制小喇叭，盐皮蛋生产车间流程图片。 美食图片、厨具和餐具、幼儿自制盐皮蛋菜谱。
建构活动区	积木、牛奶盒、废旧早阅书盒、易拉罐等多种建构材料。
数学活动区	数量不同的特产图片、柱状统计表若干。
美工活动区	各类纸张如白纸、牛皮纸、手工折纸；绘画工具如水彩笔、油画棒、棉签棒等；剪贴、撕贴使用的彩纸、废旧的宣传广告、胶棒、双面胶等。
语言活动区	各种盐皮蛋图片、食品宣传海报、幼儿制作盐皮蛋的宣传海报。 盐皮蛋工厂结构图与参观说明图。 自制美食类图书。

活动一 认识盐皮蛋

活动形式 ●集体○区域○日常○亲子

重点领域 ○健康○语言○社会●科学○艺术

活动目标

1. 探索盐皮蛋、盐蛋和皮蛋的区别，大胆讲述自己的发现。
2. 了解盐皮蛋兼有皮蛋蛋清和盐蛋蛋黄的特征。
3. 萌发对广安特产盐皮蛋的喜爱之情。

活动准备

1. 盐蛋（煮熟）、皮蛋（去灰）、盐皮蛋以及标好数字的盘子5套。
2. 盐蛋、盐皮蛋、皮蛋、蛋清和蛋黄词卡1套，幻灯片。
3. 幼儿探索记录表5份，教师记录表1份。

活动过程

1. 探索秘密，引发兴趣。

教师：这是老师给宝宝们准备的3个蛋，每个蛋都有自己的小秘密，装蛋的盘里标有数字，表示它是几号蛋。现在请宝宝用自己的方法去探索每个蛋里的秘密，并做好记录。

2. 分小组进行探索，在“幼儿探索记录表”里做记录，教师巡回指导。

3. 分享观察记录结果。

教师：请小朋友说出3个蛋各自的特点，教师根据幼儿的分享填写“教师记录表”。你觉得这3个蛋哪些地方是一样的？它们的不同点在哪儿？你是通过什么方法发现的呢？1号蛋的蛋清是白色的，蛋黄是黄色的，它叫盐蛋。2号蛋的蛋清呈黄色或黑色的透明状，蛋黄有些黏黏的，它叫皮蛋。3号蛋的蛋清和皮蛋的蛋清很像，蛋黄和盐蛋的蛋黄很像，它叫盐皮蛋。（出示盐蛋、盐皮蛋、皮蛋、蛋清和蛋黄词卡。）

小结：盐皮蛋兼有盐蛋和皮蛋两种蛋的特点，盐皮蛋是我们广安最有名的特产之一。

4. 继续品尝，分享交流。

5. 小结。

盐皮蛋是我们家乡有名的特产，很多到广安旅游的人都会把盐皮蛋作为特产买回家赠送给亲朋好友，大家吃着美味的盐皮蛋，就会想到我们美丽的家乡！所以，我们要做一名盐皮蛋宣传员，让更多人知道盐皮蛋，让更多人爱上我们的家乡——广安。

活动二　盐皮蛋的诞生

活动形式　●集体○区域○日常○亲子

重点领域　○健康 ●语言○社会○科学○艺术

活动目标　1. 能用完整、连贯的语言讲述盐皮蛋生产加工流程。

2. 知道车间工人的辛劳，萌发热爱劳动的情感。

活动准备　盐皮蛋工厂内各车间的照片。

活动过程

1. 分享照片。

教师：昨天，我们和爸爸妈妈一起参观了盐皮蛋工厂，老师整理了照片，现在跟大家分享。

2. 回忆、讲述参观流程。

（1）原材料（鸭蛋）。

（2）第一次清洗。

(3)腌制。

教师:把洗干净的鸭蛋放在香料里浸泡、搁置一段时间,让香料充分渗透到鸭蛋里去,鸭蛋也变得香香的,这个过程就叫腌制。

(4)第二次清洗。

(5)消毒。

(6)一次包装。

(7)真空包装。

(8)二次包装。

教师:我们在二次包装车间内看见了很多纸盒、纸箱,它们有什么用?

3.师幼讨论工厂里的叔叔阿姨辛勤工作的情景。

活动延伸

幼儿在区域活动中绘制盐皮蛋的生产流程图。

活动三 食神大比拼

活动形式 ●集体○区域○日常○亲子

重点领域 ○健康○语言○社会○科学●艺术

活动目标

1.运用团、搓、压、捏等技能制作泥工盐皮蛋美食。

2.体验制作菜品的乐趣。

活动准备 PPT(各种各样的美食图片)、各种颜色的橡皮泥若干、纸盘若干。

活动过程

1.师幼谈话,激发兴趣。

教师:你吃过哪些用蛋做成的美食?它是怎么做出来的?吃起来什么感觉?

2.设计盐皮蛋美食。

讨论:盐皮蛋可以用来做什么美食。

教师:我们要做一本盐皮蛋菜谱,里面可以设计什么食物?(盐皮蛋蛋糕、盐皮蛋比萨、盐皮蛋汉堡包……)

3. 制作盐皮蛋美食。

教师：你准备怎么完成你的盐皮蛋泥工美食，先做什么再做什么？会用到哪些玩橡皮泥的动作技能？

4. 展示交流作品。

请介绍自己的盐皮蛋菜品名称，并讲出制作过程。

教师：你最喜欢谁制作的盐皮蛋美食，为什么？投票评选最受欢迎的盐皮蛋美食。

活动准备

将幼儿作品拍照后用于角色游戏中制作餐厅食谱。

活动四　食品包装袋上的秘密

活动形式

●集体○区域○日常○亲子

重点领域

○语言○社会●健康○艺术●科学

活动目标

1. 认识食品袋上的防伪条码、保质期、生产日期，了解它们与身体健康的重要关系。
2. 树立食品卫生安全意识。

活动准备

1. 干净的食品包装袋、生产日期不同的盐皮蛋每组两个。
2. 记录表、水彩笔、自制挂历卡、食品安全视频。

活动过程

1. 自主观察食品袋，引起参与兴趣。

(1)教师：请小朋友们仔细观察自己的食品包装袋，也可以看看其他小朋友的食品包装袋，包装袋上有什么？

(2)教师出示大的记录纸，教师将幼儿的回答记录在纸上。

(3)教师：包装袋上有图片、漂亮的花纹、文字、标志，还有很多数字……

(4)教师：食品包装带上有这么多文字和符号，你觉得哪些能告诉我们这个食物是安全的，对我们的健康没有危害，为什么？

2. 认识包装袋上的生产日期、保质期和防伪条码。

(1)观看视频，了解食品信息与身体健康的重要联系。

教师:究竟什么样的食物是安全的呢? 我们来看一段视频吧!

教师:以后不管吃什么食品,一定要仔细看看这些信息,才能保证我们吃的食品是安全的、健康的,对身体是没有害处的。

(2)出示挂历纸和两个生产日期不一样的盐皮蛋,请幼儿找出是否过期的信息并说出理由。

3.讨论:过期食品对身体的危害。

教师出示操作纸,讲解操作要求:这张纸上的盐皮蛋,有些已经过期了,请你在过期的盐皮蛋下面做个标记。

活动五 小小设计师

活动形式 ●集体○区域○日常○亲子

重点领域 ○语言●社会○健康●艺术○科学

活动目标

1.认识地方特产标志,为盐皮蛋设计包装。

2.增进对家乡的热爱之情。

活动准备

1.盐皮蛋包装盒。

2.盐皮蛋商标、其他产品商标、中国地理标志。

活动过程

1.认识标识。

教师:今天老师给你们带来了两种新的标识,我们一起来看看。

2.认识中国地理标志,了解盐皮蛋是地方性特产。

教师:认识这个标志吗?(中国地理标志)这个标志表示一个地方独有的特产,如广安盐皮蛋就是我们广安独有的特产。

3.认识商标,了解商标的组成。

(1)观察不同品牌的广安盐皮蛋商标,比较异同。

(2)观察其他产品商标图片,了解商标是由什么组成的。

4.了解包装信息,设计盐皮蛋包装。

教师:在盐皮蛋包装箱上还有很多数字符号,谁来说说这些数字表示什么意思?

教师：现在我们来为自己的盐皮蛋做包装设计，可以独立完成，也可以和同伴一起完成。讨论一下，谁先想好就先来说说。

5. 幼儿自由设计、绘画包装纸，教师观察幼儿活动，适时给予指导。

活动延伸

将材料投放到美工区，让幼儿继续创意设计盐皮蛋包装。

活动六　我为盐皮蛋代言

活动形式　●集体○区域○日常○亲子

重点领域　○健康●语言○社会●科学○艺术

活动目标

1. 了解广告在生活中的作用。
2. 尝试为盐皮蛋创编广告语。
3. 萌发对家乡广安的热爱之情。

活动准备

1. 收集不同种类的广告，了解其中的广告语。
2. 几段与幼儿生活有关的、语言规范的食品广告视频。
3. 教师与幼儿共同用纸箱制作的电视机框架，家乡特产盐皮蛋。

活动过程

1. 看食品视频，认识广告的特点。

教师：这些是什么商品的广告？你听到了什么？

教师：请你说一说电视里的广告语。

2. 分享收集到的广告语，了解广告在生活中的作用。

(1)小朋友相互交流，说说自己收集了什么广告，并说说其中的广告语。

(2)教师选择其中有代表性的广告语，用上下句接龙的形式与幼儿互动游戏。

(3)说说广告在生活中的作用。

3. 为盐皮蛋创编广告。

(1)四人一组，讨论一下你们准备怎么为盐皮蛋做宣传广告。

(2)每组派一个代表来讲讲你们的创意。

4. 盐皮蛋宣传广告表演。

(1)幼儿以小组为单位表演创编的盐皮蛋广告。

(2)你最喜欢哪组的广告,为什么?

5.投票推选"我最喜欢的盐皮蛋宣传广告"。

活动七 盐皮蛋热卖会

活动形式 ●集体○区域○日常○亲子

重点领域 ●语言●社会○健康○艺术○科学

活动目标

1.愿意与同伴合作,能主动想办法布置热卖会展台,推销盐皮蛋。

2.能大胆表述盐皮蛋的特点和优势,萌发爱家乡的情感。

活动准备

1.PPT(邓叔叔录像、盐皮蛋展台图片)、布置好的食品展台。

2.盐皮蛋若干,制作好的宣传海报、展台、柚子、手花若干。

活动过程

1.观看录像。

教师:今天我们班来了一位客人,看看是谁?

教师:邓叔叔有一些话想对大家说,一起来听听!

2.布置热卖展台。

(1)讨论如何布置盐皮蛋展台。

教师:刚才叔叔给我们布置了一个什么任务?大家知道怎么布置展台吗?老师这里收集了一些盐皮蛋展台的图片,我们一起来看看叔叔阿姨是怎么布置的。

(2)PPT播放盐皮蛋展台图片,老师介绍每张图片的特点。

(3)请幼儿利用邓叔叔为我们提供的材料布置展台。

3.提升销售技巧。

展台布置好后,请幼儿想办法吸引更多的客人。

教师:现在要开始热卖了,请各组的宝宝们加油,因为今天我们要评选销售冠军,卖得最多的就是我们的冠军小队。

4.体验热卖会,教师分组指导。

5.评选销售冠军,教师小结颁奖。

活动八　儿歌大创编

活动形式　○集体○区域○日常●亲子

重点领域　●语言○社会○健康○艺术○科学

活动目标

1.尝试创编夸赞盐皮蛋的儿歌。

2.大胆表达对家乡的热爱之情。

活动准备

1.PPT(广安特产盐皮蛋)。

2.绘画纸、笔。

活动过程

1.在亲子阅读活动中,播放关于盐皮蛋的PPT,带领幼儿与家长再次感受盐皮蛋的特点。

2.分组讨论关于夸赞盐皮蛋的词句。

3.鼓励幼儿把对盐皮蛋的喜爱编成儿歌,有困难主动寻求家长的帮助。

4.幼儿绘画,家长在作品上书写儿歌。

5.展示儿歌。

主题8 蜀中一绝宝箴塞

主题说明

宝箴塞，位于四川省广安市武胜县宝箴塞镇方家沟村，是一座以“全国罕有·蜀中一绝”著称的川东军事要塞，也是一座蜀中罕见的闽南团楼建筑风格的百年古建筑群，一个充满独特军事文化魅力和传奇文化色彩的景区，以无限生机伫立于川东大地，受到越来越多的国内外游客的青睐与推崇，并成为展示广安多元文化形象的一张靓丽名片。

在“蜀中一绝宝箴塞”主题活动中，我们通过课前亲子游“探秘宝箴塞”拉开活动的序幕，让幼儿亲临宝箴塞，欣赏古塞的整体结构和建筑风格，感受古建筑的独特魅力；通过“奇绝宝箴塞”一系列活动的开展，让幼儿初步了解宝箴塞的军事文化；在“守护宝箴塞”活动中，增强幼儿对古建筑的保护意识，培养幼儿热爱家乡的美好情感。

主题网络图

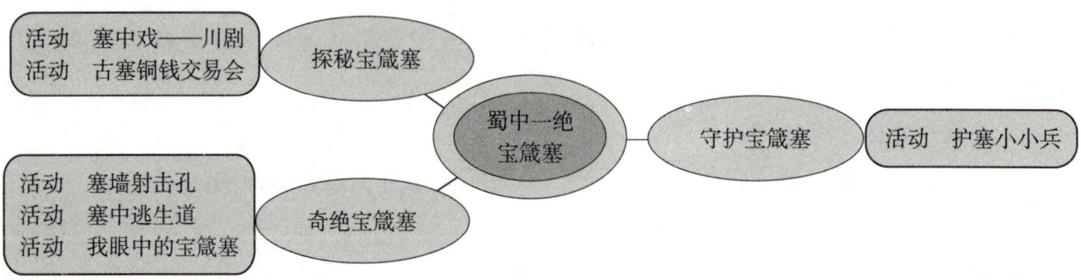

主题环境布置与活动参考

●区域活动“塞中戏——川剧”前，搭建小戏台，搜集与川剧相关的图片资料（服饰、脸谱、经典川剧剧照），并展示出来。

●集体活动“古塞铜钱交易会”后，可将铜钱相关图片及学习单展示在主题墙上，让幼儿持续关注。

区域规划

区域名称	区域布置与活动参考
角色活动区	川剧表演的服饰、头饰及道具，搭建小戏台。
美工活动区	蜡笔、水彩笔、图画纸、胶棒、安全剪刀等美工用品。

活动一 塞中戏——川剧

活动形式 ●集体○区域○日常○亲子

重点领域 ○语言○社会○健康●艺术○科学

活动目标
1.初步了解川剧服饰、脸谱及川剧三绝,知道塞中戏以川剧表演为主。
2.体验川剧表演的乐趣。

活动准备
1.幼儿已有看川剧的经验。
2.宝箴塞的川剧表演视频、经典川剧剧照、川剧音乐、脸谱、川剧服饰等若干,搭建小戏台。

活动过程

1.观看宝箴塞的川剧表演视频。

教师:你们知道这是什么地方吗? 表演的是什么戏?

2.欣赏经典川剧剧照,了解变脸、喷火、顶灯等川剧表演中的绝技。

3.集体讨论。

教师:你们喜欢川剧吗? 喜欢川剧里的什么?(有的喜欢川剧里的服饰,有的喜欢川剧里的人物,有的喜欢川剧的各种脸谱。)

教师小结:川剧是四川特有的地方戏,深受人们的喜爱,咱们一起学一学吧。

4.随音乐模仿,学习川剧的简单动作。

5.表演,体验川剧的乐趣。

(1)用区域内的备用材料装扮自己。

教师:我们用准备好的川剧服饰、脸谱等把自己打扮起来,看谁最漂亮。

(2)引导幼儿参与川剧表演。

教师:装扮好的小朋友到小戏台上去表演,看谁表演得最好。

活动二 古塞铜钱交易会

活动形式 ●集体○区域○日常○亲子

重点领域 ○语言●社会○健康●艺术○科学

活动目标
1.认识铜钱,能说出铜钱的外形特征。
2.能设计制作铜钱。
3.体验铜钱交易的乐趣。

活动准备
1.视频、纸板若干、安全剪刀、刀子;利用各种玩具、文具布置的店铺。
2.会10以内加减运算。

活动过程

1.观看视频。

教师:你知道古时候宝箴塞的人用什么买物品?

2.认识铜钱。

(1)看看铜钱的形状:外形多是圆的,有的中间有孔,根据年代的不同,中间的孔有所不一样,也有方形的;正反面都有字。

(2)铜钱的作用:用来购物,作用相当于我们现在的人民币。

3.设计制作铜钱。

(1)幼儿自主设计铜钱。

(2)将设计好的铜钱制作出来。

4.游戏"欢乐购"。

(1)幼儿自主选择角色(售货员、顾客)。

(2)每个幼儿10个铜钱,去店铺买自己喜欢的物品。

引导幼儿学会计算购买两种或两种以上物品需要几个铜钱。

5.根据游戏经验操作学习单:幼儿完成学习单并将学习单展示到主题墙上。

活动三 塞墙射击孔

活动形式 ●集体○区域○日常○亲子

重点领域 ○语言○社会○健康○艺术●科学

活动目标
1.认识射击孔,了解宝箴塞的不同射击孔的特点。
2.能自主设计不同的射击孔。

活动准备
1. 宝箴塞各种不同的射击孔的PPT课件。
2. 纸箱、积木、沙包、纸、笔等。
3. 幼儿课前玩过射击游戏。

活动过程

1. 师幼谈话。

教师：你玩过射击游戏吗？游戏中的射击孔是什么样子的？

2. 观看PPT，进行观察比较。

教师：这是什么？你在哪里见过？它们有什么不一样？你最喜欢哪一种射击孔，为什么？

3. 分组设计射击孔。

每组幼儿自己用纸箱、积木做成不同的射击孔进行实验，并将实验结果记录下来。

教师：从哪一种射击孔看外面看得更远更宽？身在哪一种射击孔后不容易被外面的人射中？

4. 作品分享展示。

将幼儿的作品展示在主题墙上，请幼儿相互介绍作品。

活动四 塞中逃生道

活动形式 ●集体○区域○日常○亲子

重点领域 ○语言○社会○健康●艺术○科学

活动目标
1. 了解宝箴塞逃生道的作用。
2. 能大胆清楚地表述自己的想法。
3. 树立自我保护的意识。

活动准备 逃生道图片。

活动过程

1. 营救小兔子。

教师：小兔子被大灰狼抓走了，我们要去营救它。营救过程中为了不被大灰狼发现，我们要走暗道去大灰狼家，然后从暗道回来。

教师：在现实生活中你们见过暗道吗？

2.观察、比较图片，了解宝箴塞逃生道的绝密之处。

教师：你知道这是什么吗？它是用来干什么的？

教师：你知道宝箴塞的逃生道在什么地方吗？（宝箴塞的水井里面设计了绝密的逃生通道，可以直通塞外密林）。

3.师幼谈话：危机时刻怎么办？

教师：当面对火灾、水灾的突发事故时，我们如何逃生？

活动五 我眼中的宝箴塞

活动形式 ○集体●区域○日常○亲子

重点领域 ●语言○社会○健康●艺术○科学

活动目标

1.能对宝箴塞建筑特征进行简单的描述。

2.会用画、剪、粘、建构等美术技能表现宝箴塞。

活动准备

1.宝箴塞整体建构图片若干。

2.纸、水彩笔、记号笔、安全剪刀、胶水等。

活动过程

1.谈话：眼中的宝箴塞。

请幼儿一起回忆宝箴塞独特的建筑风采。

（1）教师展示宝箴塞的图片，引导幼儿回忆具有特色的古建筑。

（2）幼儿讨论宝箴塞的建筑与我们现代的房子有什么不一样的地方。

（3）请幼儿说说宝箴塞的门、窗、屋顶、墙面有什么特点。

2.设计：我眼中的宝箴塞。

（1）教师：如果你是“古建筑设计师”，你要怎样设计呢？采用什么方法来制作呢？（引导幼儿交流各自的想法、做法。）

（2）幼儿根据自己的设计方案，使用安全剪刀将彩纸剪成房子所需形状，用胶水粘贴固定，最后用油画棒或水彩笔给建好的房子做墙面装饰；或用绘画的形式画出古塞的建筑特点。

3.作品分享展示:引导评价。

请幼儿将自己的作品贴在该区域活动区内,并跟大家介绍一下自己的作品。

活动六　护塞小小兵

活动形式　●集体○区域○日常○亲子

重点领域　○语言●社会○健康●艺术○科学

活动目标

1.知道保护宝箴塞的意义。

2.增强对古建筑的保护意识。

活动准备

1.宝箴塞风景图片。

2.纸、水彩笔。

活动过程

1.观看图片,师幼谈话。

教师:宝箴塞美吗?但是当宝箴塞到处都是垃圾的时候,花草被破坏的时候你还会觉得它美吗?

2.交流讨论:我是护塞小小兵。

(1)教师:爱护古建筑应该怎么做?怎样保护宝箴塞的环境?

(2)教师小结:要爱护古建筑,不在古建筑墙上乱涂乱画;不能用刀和利器在古建筑上刻画;不损坏里面的陈列物;不能乱扔垃圾,看见垃圾要捡起来放进垃圾桶;看见有人乱扔垃圾应该阻止。

3.设计制作古塞保护宣传单。

活动延伸

请幼儿到古塞做保塞宣传员。

主题9 轨道交通

主题说明

随着广安城镇化建设的不断推进，广安的轨道交通迅速崛起，除有传统的火车外，城际轨道交通工具动车、高铁，已成广安人出行的首选交通工具。广安轨道交通的不断完善和成熟，让广安变得四通八达，使广安的交通更加秩序井然。

在“轨道交通”主题活动中，我们将带领幼儿一起探索轨道交通的秘密，丰富幼儿关于轨道交通的相关经验。在“火车票的秘密”中，以幼儿喜爱的游戏形式，让幼儿了解火车票上的信息以及这些信息对乘车的重要作用；“我们出发吧”让幼儿在游戏中锻炼小腿和腰部肌肉的力量，同时学会合作。

“轨道交通”主题活动中，幼儿将认识轨道交通工具，积累乘坐轨道交通工具的经验，懂得乘坐轨道交通工具时应该遵守的规则。希望教师和幼儿一起愉悦地探索广安已有的轨道交通工具，体验“广安绿色交通”为我们带来的方便，激发幼儿热爱家乡的情感。

主题网络图

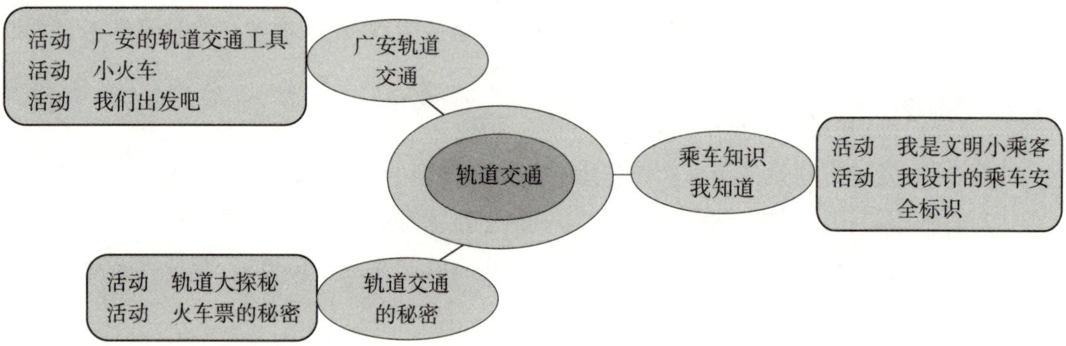

主题环境布置与活动参考

●集体活动“轨道大探秘”中，在科学探索区放置轨道玩具车供幼儿观察探索。

●集体活动“火车票的秘密”后，将幼儿设计的火车票展示在教室的主题墙上。

●集体活动“我设计的乘车安全标识”后，将幼儿完成的作品布置在教室的主题墙上，让幼儿互相评价、交流。

区域规划

区域名称	区域布置与活动参考
建构活动区	雪花片、乐高玩具、拼插玩具、木质积木、车站的标志牌道具、各种轨道交通工具玩具。
益智活动区	火车模型、火车票等，让幼儿根据火车票找到相应的位置。
美工活动区	较长的纸盒（如牙膏盒、饼干盒）、胶棒、双面胶、透明胶带、安全剪刀、颜料、画纸、水彩笔、油画棒、颜料等。
科学探索区	轨道玩具车。

活动一　广安的轨道交通工具

活动形式　●集体○区域○日常○亲子

重点领域　●语言●社会○健康●艺术○科学

活动目标

1. 知道广安的轨道交通工具，并能清楚地描述它们的外形特点。
2. 感知轨道交通给我们生活带来的便捷。
3. 乐意设计新的轨道交通工具。

活动准备

1.PPT：轨道交通工具图片。
2. 幼儿带来的各种轨道交通工具玩具。

活动过程

1. 观看PPT，说出轨道交通工具的名字和外形特点。

教师：你认识这些交通工具吗？说一说它们的名字。

教师：仔细观察，看看你在哪里见过这些交通工具？它们的外形是什么样的？车厢里面是什么样子的？它们都在哪里行驶？（轨道上）

2. 认识广安的轨道交通工具，知道轨道交通工具带给我们的便捷。

教师：你知道广安有哪些轨道交通工具吗？（火车、动车、云轨）

教师：你坐过什么轨道交通工具？你坐车去哪里？

教师：你喜欢乘坐轨道交通工具吗，为什么？

3.请幼儿设计新的轨道交通工具。

教师:请你们来当工程师设计出新型的轨道交通工具。(鼓励幼儿大胆创作)

活动延伸

幼儿依据自己设计的图纸自由选择材料完成“新型轨道交通工具”作品。

活动二 小火车

活动形式 ●集体○区域○日常○亲子

重点领域 ○语言○社会○健康●艺术○科学

活动目标

1.学会演唱歌曲。

2.能与同伴合作游戏,体验游戏的乐趣。

活动准备 歌曲《小火车》。

活动过程

1.自由地模仿开火车。

教师:小火车是怎么开的?小火车在飞奔的时候会发出什么声音?我们都来开小火车吧!

2.欣赏歌曲《小火车》,感受歌曲的旋律。

教师:你在歌曲里听到了什么?

3.学习演唱歌曲《小火车》。

(1)欣赏教师范唱,并熟悉歌词。

(2)跟随音乐轻声学唱歌曲。

(3)用好听的声音演唱歌曲。

4.游戏“小火车”,体验与同伴共同游戏的乐趣。

教师:刚才我们学会了《小火车》,现在我们一起来玩一玩小火车的游戏吧!

游戏规则:先请3~5个幼儿扮演火车头,其他幼儿扮演车厢,小火车一会儿进了大山洞,一会儿进了大森林,然后交换角色继续扮演。

活动延伸

幼儿到角色游戏区自由选择打击乐器演奏《小火车》。

附：

小火车

1=C $\frac{2}{4}$

月下 词
思默 曲

活动三　我们出发吧

活动形式　●集体○区域○日常○亲子

重点领域　○语言○社会●健康○艺术○科学

活动目标

1. 练习蹲跑，锻炼小腿和腰部肌肉的力量。
2. 在活动中学会合作，体验游戏的快乐。

活动准备

1.《小火车》《奔跑吧兄弟》等音乐。
2. 场地准备：两条高低不同的拱门隧道。

活动过程

1. 教师带领幼儿入场热身，引起他们对游戏的兴趣。

播放音乐《小火车》，教师带领幼儿一起做热身运动。

热身主要动作:高人走(踮脚走)、小朋友走、矮人走(蹲走)、高人跑(踮脚跑)、小朋友跑、矮人跑(蹲跑)。

2.教师引导幼儿模仿火车过隧道,练习蹲跑。

(1)幼儿随音乐自由模仿火车过隧道,教师请幼儿说说自己过隧道的方法。

(2)自由组合用蹲跑的方式过隧道。

教师:现在小火车要过隧道了,请你们用自己的方法通过隧道。

重点指导幼儿用蹲跑的方法过隧道。

3.游戏"火车过隧道"。

教师:我们已经能够用蹲跑的方法通过隧道了,现在我们变成长长的两列火车,来玩火车过隧道的游戏吧!

游戏规则:听到《奔跑吧兄弟》的音乐,两列火车开始出发,先到达目的地的火车获胜。如果火车车厢断开,则游戏失败,需要返回出发地重新开始游戏。

4.师幼随音乐一起做放松运动。

活动四 轨道大探秘

活动形式 ●集体○区域○日常○亲子

重点领域 ●语言○社会○健康○艺术●科学

活动目标

1.了解交通轨道的特征及种类。

2.能用清晰连贯的语言讲述有关轨道交通的知识。

3.有探索轨道交通的兴趣。

活动准备

1.PPT:各种轨道图片。

2.轨道玩具车。

3.经验准备:幼儿与家长一起查阅轨道相关知识。

活动过程

1.观察比较不同轨道的图片,说出轨道的名称。

教师:这些轨道是一样的吗?它们有什么不同?你知道它们的名称吗?

轨道根据外形特征分为单轨铁路、双轨铁路和凹槽铁路;根据钢轨重量分为重型轨道和轻型轨道；根据轨道系统的营运速度分为高速轨道和中速轨道。

2. 观察图片，引导幼儿了解轨道交通的特征。

(1)教师：你知道在哪里乘坐轨道交通工具？轨道通常在什么地方？(地下和地上空间)

(2)教师：轨道交通工具在轨道上是靠什么运行的呢？(电气牵引)

(3)教师：你觉得它环保吗？

3. 了解轨道交通带给人们的安全、便捷，讨论轨道交通带给我们的好处。

教师：你坐过哪些轨道交通工具？坐这些交通工具是什么感觉？

4. 到科学探索区自由探索轨道玩具车的运行。

到科学探索区去玩轨道玩具车，仔细观察轨道上的玩具车是怎样运行的。

活动五 火车票的秘密

活动形式 ●集体○区域○日常○亲子

重点领域 ○语言●社会○健康○艺术●科学

活动目标

1. 知道火车票上的基本信息和作用。
2. 能积极参与游戏，体验游戏的乐趣。

活动准备

1. 幼儿与家长提前收集废旧火车票。
2. PPT：红蓝两种颜色的车票及车站检票情景图片。

活动过程

1. 观察车票图片，说一说对车票的认识。

教师：这是什么？它有什么用处？

2. 观察车票图片，说一说火车票上的符号代表的意思，了解火车票上的信息。

(1)教师：你在火车票上发现了什么？

第一排文字符号显示出发地、目的地及乘坐的车次；第二排显示乘坐时间、车厢和座位号；第三排显示的是票价信息。

(2)教师：下面的汉字和数字表示什么？(乘车人的名字和身份证号)上面的印花有什么作用？(防伪)二维码表示什么意思？(个人信息)

(3)观察红蓝两种不同颜色的火车票。(颜色、大小、厚薄、软硬)

(4)了解红蓝两种颜色的票面分别表示的含义。知道蓝色火车票可以通过自动检票闸机进出站,而红色火车票只能通过人工检票的方式进出站。

3. 教师组织幼儿玩"乘火车"游戏,巩固幼儿对火车票的认识。

教师扮演车站工作人员播报检票信息,幼儿扮演乘客排队检票。如:播报"请乘坐7:21广安南到成都东D5171次列车的乘客准备检票"。乘客则按照票面的车次和颜色到对应的"自动检票口"和"人工检票口"依次排队检票。

活动延伸

幼儿设计制作火车票。

活动六 我是文明小乘客

活动形式

●集体○区域○日常○亲子

重点领域

●语言●社会○健康○艺术○科学

活动目标

1. 学习乘坐轨道交通工具的文明礼仪,养成文明乘车习惯。
2. 能对乘车行为进行判断,并说出理由。

活动准备

1. 文明乘车与不文明乘车图片若干。
2. 幼儿用书。

活动过程

1. 创设情境,导入活动。

教师:今天我们要去成都,你们想坐什么车去?

2. 情境体验,学习乘坐轨道交通工具的文明礼仪。

(1)教师:候车时你是怎么做的?(在候车大厅保持安静,保持环境卫生,不嬉戏打闹和大声喧哗,不乱摸候车厅里的设施设备。)

(2)教师:你是怎样上车的?(依次排队。)

(3)教师:车子运行中,应该怎么做?(保持车厢干净,不乱扔垃圾,不在车厢乱跑、乱跳。)

3. 根据图片判断文明乘车行为。

教师:图片上的小朋友在做哪些事情? 哪些小朋友的行为是文明的,哪些小朋友的行为是不文明的,为什么?

4.阅读幼儿用书，了解更多的乘车文明礼仪。

教师：请你们自己阅读图书，看一看乘车时需要注意些什么？

教师：除了书上说到的这些小知识，你觉得乘车时还需要注意哪些事情？

5.游戏：坐火车。

让幼儿扮演小乘客，体验文明乘坐火车的过程。

活动七　我设计的乘车安全标识

活动形式　●集体○区域○日常○亲子

重点领域　●语言●社会○健康●艺术○科学

活动目标

1.运用图画和符号创造性地设计乘车安全标识。

2.能用清晰连贯的语言描述自己设计的标识。

3.知道乘车安全标识对出行的作用。

活动准备

1.安全标识的视频。

2.各种各样的文明乘车安全标识。

3.画纸、画笔等美术材料。

活动过程

1.观看安全标识的视频，了解安全标识的作用。

教师：在视频里你看到了什么？这些标识有什么作用？

2.讨论乘车时需要的安全标识。

教师：你觉得在乘车的时候应该有哪些安全标识，为什么？

教师：在车厢内可以设计什么样的标识，为什么？（引导幼儿大胆地说出自己的设想）

3.设计乘车安全标识。

（1）请幼儿说一说自己想要设计的标识。

（2）鼓励幼儿大胆创作。

4.相互分享、交流自己设计的标识。

活动延伸

请幼儿将设计的标识到其他班级宣传、讲解。